考える力を育てる親子の雑学

本郷陽二

角川文庫 17858

第1章 動物の不思議 13

第2章　カラダと健康の謎　77

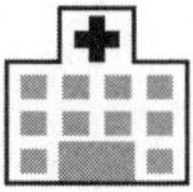

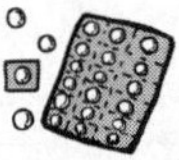

第4章 食べ物・飲み物のヒミツ 125

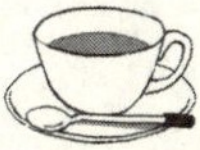

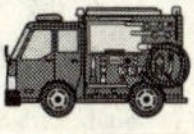

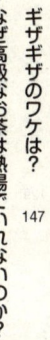

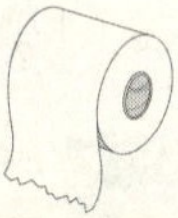

第1章 動物の不思議

イヌとネコとの歩き方の違いは？

私たちが歩くときは、左足が前に出ると右手が前に出て、右足が前に出ると左手が前に出ます。意識しなくても自然にそうなっています。

では、イヌとネコとの歩き方の違いを知っていますか？

じつは、イヌが歩くときは、左の前脚が前に出るときは右の後ろ脚が同時に前に出て、右の前脚が前に出るときは左の後ろ脚が前に出ます。

ところが、ネコは、左の前脚と後ろ脚、右の前脚と後ろ脚とが、それぞれ同時に出ます。緊張して歩いている人が、左手と左足、右手と右足とをそれぞれ同時に動かしているようなものです。

動物の世界では、イヌのような歩き方が多数派で、たとえば、ウシやウマ、ブタ、ネズミなどがあげられます。

一方のネコのような歩き方をする動物には、ラクダやキリンがいますが、いわば少数派です。街でイヌやネコを見かけたら、その歩き方も観察してみてください。

イヌには見やすい色と見にくい色がある？

イヌは目が悪いので、嗅覚《きゅうかく》と聴覚がとても発達しているといわれます。また、イヌは色が判別できず、白黒の世界で生きていると思われてきました。ところが最近の研究で、イヌには見やすい色と見にくい色があるのがわかってきたのです。

人間の網膜には錐状体《すいじょうたい》という色を感じる細胞があって、さまざまな色を識別できます。でも、イヌの場合、錐状体の種類が少ないため、色の識別能力が限られていて、赤色や緑色を識別するのが苦手です。

公園や庭でボール遊びをしていて、ボールが近くにあるのに見つけられず、ウロウロしているイヌがいます。イヌと遊ぶときは、白や黄色、あるいは青いものを使ってあげるといいですね。

QA

イヌを叱るときは名前を呼ばないほうがいい?

飼い犬を連れて散歩しているときの注意があります。イタズラをしたり、ほかのイヌとケンカになりそうになったとしても、名前を呼んで叱るのはいけないということ。イヌはとても賢い動物ですから、さまざまなことを学習します。盲導犬や救助犬として活躍しているのも、イヌが賢く、また勇気や忠誠心をもっているからです。

しかし、その賢さのために、叱るときに名前を呼んでしまうと、イヌは「名前を呼ばれたときは叱られるとき」と学習してしまうのです。そうなれば、飼い主から名前を呼ばれても、嬉《うれ》しいはずがありません。

そこで、逆にイヌの賢さを利用して、「名前を呼ぶときはほめるときだけ」というルールをつくってみてはどうでしょう。

そうすれば、イヌは名前を呼ぶたびに、シッポを振って、飼い主のところに走ってくるはずです。

じつは、この「ほめるときにだけ名前を呼ぶ」「叱るときには名前を呼ばない」というのは、人間の子育てにもいえることです。子どもを叱るときに、大声や強い口調で名前を呼んでいると、たとえば遠くにいるから大きな声で呼んだとしても、子どもからすれば、「また叱られる」と思ってしまうわけです。

イヌのしつけと子どものしつけには、意外な共通点があったということですね。

イヌは孤独が苦手？

番犬といえば、家族が留守のときや、みんなが眠っている夜の時間に、家を守ってくれる存在です。しかし、本当のことをいえばイヌは孤独が苦手です。

留守番をしている間に、吠《ほ》え続けたり、暴れて室内をめちゃくちゃにしたり、いろいろなものを噛《か》んだりするなど、問題行動を起こすイヌがいます。なかには、吐いてしまったり、逆に食欲がなくなるなど、病気のような症状があらわれることもあります。これは分離不安といわれる症状で、その原因は、飼い主がいないストレスや不安。とくに、飼い主が出かけるときに、「それじゃ、行ってくるよ」などと声をかけると、イヌが分離不安になりやすいという研究結果があります。

分離不安にならないようにするためには、出かけるときは、サラッと出かけて、帰ってきたときには、「ただいま!」と声をかけるといいそうです。

反対に、出かける前に飼い主に散歩に連れていってもらったり、いっぱい遊んでもらったりしていると、急に一人ぼっちになったときに、不安がいっそう大きくなってしまうようです。

たしかに、もともとイヌは集団でいることを好む動物なので、1匹でいるのは得意ではないのでしょう。可愛いからと甘やかして、いつも一緒にいると、かえって、イヌを不安にさせてしまうというわけです。

ネコはなぜ高いところが好きなのか?

ネコの身軽さには驚くばかりです。テーブルやタンスの上にひょいとのぼったり、幅の狭いブロック塀の上をバランスよく歩いたりします。

じつは、ネコは地面を歩いているよりも、何かの上のほうが安心できるのがわかっています。それがネコの本能だからです。

野生のネコは、もともと木の上で生活していました。もちろん、外敵から身を守るためです。高いところは安全で、しかも自分の縄張りを見下ろせることを動物の本能として知っていたわけです。

もうひとつ、ネコが高いところを好む理由があります。それは、高いところにいるネコほど優位だということ。そういえば、サル山のボスもいちばん高いところにいて、仲間を見下ろしていますね。

ネコは高いところにのぼって安心しているだけでなく、優越感にひたっているのかもしれませんね。

どうして飼いネコは前脚で顔を隠して眠る？

1日のほとんどを眠っているネコを見て、「けっこうな身分だな」と思う人もいるでしょう。でも飼い主にすれば、ネコの寝姿は可愛いもの。

ネコの眠っている様子を観察すると、前脚で顔を隠して寝ていることが少なくありません。「ネコはこたつで丸くなる」といわれるように、少しでも丸まろうとしているのでしょうか。

じつは、野生のネコは顔を隠して眠るようなことはありません。逆に、いつでも行動できるような体勢で眠っています。もちろん、敵に襲われたときに、いちはやく対応できるためです。

一方、飼いネコは安心して眠ることができます。ただし、眠ろうとしているネコにとって、部屋の照明は明るすぎて眠りにくいので、目隠しをしているのです。

どうしてネコは蛇口から落ちる水を飲みたがる？

ネコに水をあげるときは、平らな皿に入れて飲みやすくしてあげますね。それなのに、キッチンや洗面台の水道の蛇口からポタポタ落ちてくる水滴を喜んで飲んでいることがあります。

せっかく飲みやすい皿を用意してあげたのに、なぜ水道の水を飲みたがるのでしょうか。

じつは、ネコが蛇口の水滴に近づいていくのは、のどがかわいたから水を飲もうとしているわけではありません。あのポタポタという音と、しずくが落ちる動きが、ネコの狩猟本能を刺激して、獲物だと思って近づいているのです。なかには、「遊び好きのネコが、ただ楽しんでいるだけ」という説もあります。

そもそもネコが好んで飲む水というのは、水たまりや岩のくぼみにたまっているような少しぬるくなった水。水道からポタポタ落ちてくるような冷たい水は、飲んでも美味《おい》しくはないはずです。

なぜネコは音を立てずに近づいてくるのか？

飼い主のところに近づいてくるときでも、ネコは足音を立てずに歩いてきます。そんなに用心深くしなくてもいいのに……と飼い主としては思うでしょうが、ネコはそのようにしか歩けないのです。

ネコの足の裏には、肉球と呼ばれるやわらかい部分があり、毛の生えている部分よりもちょっと厚くなっています。これがクッションとなっているので、足音を立てずに歩くことができるわけです。

肉球は脂肪と弾性繊維でできています。しかも汗腺《かんせん》があることで、すべり止めになり、デコボコしたところや少しくらいの傾斜があるところでも平気で歩ける構造になっています。また、高い所から飛び降りたときなどの衝撃を少なくする働きもあります。

脂肪が厚くなっているというと感覚が鈍いように思えますが、その内側には神経が集中しているために、とても敏感です。だから、たとえ飼い主でも、むやみやたらと触ると、ネコはいやがります。サッと足をひっこめて、そそくさと立ち去るはずです。

QA ネコは旅行が苦手ってホント?

ネコを家において旅行に出かけるとすれば、たとえば自動の給餌器《きゅうじき》を買ったり、飲み水のことを考えたり、いくつかのトイレを用意したり、なかなかたいへんです。

でも、「ペットOKのホテルも増えてきたから、連れていこうか」と簡単に考えてはいけません。なぜなら、ネコにとって環境が変わることは大きなストレスだからです。

連れ歩くためのキャリーバスケットもありますが、クルマに酔いやすいネコもいますし、知らない環境に緊張して、ニャアニャアと不安そうに鳴いたり、パニックを起こす場合もあります。

また、好奇心旺盛《おうせい》なネコの場合は、旅行先でどこかへ行ってしまうかもしれません。土地勘のない場所でネコを探すのも、またたいへんです。

もともと単独生活をしていたネコは、ひとりぼっちの時間もそれほど苦にはならないようです。1泊2日くらいの旅行なら、環境を整えて、留守番をしてもらうほうが安心でしょう。

ネコはいつ、日本にやってきたのか？

ネコと人とのつきあいは、古代エジプト時代からといわれ、5000年以上にもなります。それはリビアヤマネコとよばれる野生のネコで、現在のようにペットとして飼われていたわけではありませんでした。ただ、穀物を収めた倉庫を荒らすネズミを退治してくれるので、ネコを追い出さなかっただけです。

そのうちにケガをしたネコを介抱したり、日常的に接するようになります。リビアヤマネコは、いまのネコと同じくらいの大きさで、ペットとして飼うのにもちょうどよかったのでしょう。

古代エジプトでは、太陽神であるラーの化身として、ネコが人々から大切にされたという記録もあります。

その後、ネコは貿易商人によって世界各国に運ばれます。船にしのびこんだネズミが積み荷を荒らすのをネコが防いでくれたからです。

ネコが日本にやってきたのも、船の積み荷と関係があります。6世紀の半ばに大陸から日本に仏教が伝来しましたが、多くの経典などとともに、ネコも一緒に船旅をしてきたというわけです。

日光の東照宮には、左甚五郎《ひだりじんごろう》の作と伝えられている「眠り猫」という彫刻があります。江戸時代には、ネコが一般庶民にとって、おなじみの存在だったということでしょう。

ネコババってネコが泥棒するの？

昭和30年代には、庭先に七輪を置いて火をおこし、魚を焼いているような家があちこちにありました。秋ならサンマを焼いていたわけです。

しかし、焼こうとして出しておいた魚をネコに持っていかれるような場合もあります。まさにネコババですが、じつはネコババというのは泥棒のことではなく、ネコの習性から生まれた言葉です。

ネコはフンをしたあと、砂などでそのフンを隠す性質があります。ネコのフンは、とても臭いので、ニオイを消すためとも、そのニオイから敵に自分の存在を知られないようにとも考えられています。そして、そのあとで、何もなかったように知らん顔をしています。

この行為が、人から物を盗んだあとで何食わぬ顔をしている人のようだということから「ネコババ」という言葉が生まれたのです。

ちなみに漢字では「猫糞《ねこばば》」、つまり「猫の糞《ふん》」と書きます。

ペットボトルに水を入れるとネコを追っ払えるのか？

玄関先や庭にネコ除《よ》けのペットボトルを置いている家を見かけますが、効果はあるのでしょうか。

その答えは、「効果があるのは最初だけ」です。

たしかにネコは用心深い動物で、見慣れないものがあったり、いつもと違う様子には警戒心をもちます。しかし、それが自分に危険のないものだとわかったら、そのあとは平然としています。

水を入れたペットボトルにしても、最初は、通り道をふさいだり、日光に当たって光ったりするので「何だろう？」と思い、用心するのでしょう。でも、自分に襲いかかってくるわけでもなく、かといって食べられるものでもないとわかれば、もう「何でもない」ということになり、恐れることもなくなってしまうのです。

ネコにイカを食べさせると腰を抜かす？

ネコが魚好きだというのは、ネコを飼っていない人でも知っているでしょう。でも、生のイカは、ネコには禁物ということは知っていますか。

生のイカには、チアミナーゼという酵素がふくまれています。この酵素はビタミンB_1を分解してしまうもので、ネコにとっては、急性ビタミンB_1欠乏症を起こす危険性があります。

ネコが急性ビタミンB_1欠乏症を起こすと、まず食欲が低下したり、吐いたりします。症状が進むと、ふらふら歩くことになります。さらに症状が重くなるとけいれんを起こし、昏睡《こんすい》状態に陥って死んでしまう場合もあるのです。

イカは加熱すれば、チアミナーゼの働きがなくなるのですが、かわいいペットにつらい思いをさせたくなければ、用心するに越したことはありません。ほかにいくらでも、ネコの好物はあるのですから、与えないほうがいいでしょう。

QA

イヌやネコにネギは禁物?

イヌやネコに食べさせてはいけないものを、ちゃんと知っていますか。かわいいペットに「これ、美味しいよ」と、いろいろあげたくなるのはわかりますが、じつは命取りになることもあります。

その代表がネギ類。たとえば、長ネギ、タマネギ、ニラ、ラッキョウなどにはアリルプロピルジスルフィドという有機硫黄《いおう》化合物がふくまれています。人間にとっては何ともないものですが、イヌやネコが食べると赤血球が破壊され、溶血性貧血という病気の原因となってしまうのです。

加熱してもアリルプロピルジスルフィドの力は残りますから、タマネギ入りのハンバーグなどもダメ。煮ても焼いても、ネギ類をイヌやネコに食べさせてはいけません。

イヌやネコにはチョコもダメ？

もし、チョコレート好きの人がイヌやネコを飼っていたとしても、美味《おい》しいからといって、与えてはいけません。

チョコレートやココアにはカカオが原料として使われていますが、そのカカオの成分のデオブロミンが、イヌやネコの中枢神経を刺激する毒物になるからです。

イヌやネコがチョコレートを食べると、心臓の鼓動が速くなったり、口が渇いたり、吐いてしまったりします。けいれんの危険もあります。

小さな犬の場合は60グラムが致死量といわれていますから、板チョコ1枚でペットの命が奪われてしまうことにもなりかねません。くれぐれもご用心！　です。

マタタビはライオンにも効く？

マタタビは、6月から7月にかけて2センチほどの白い花を咲かせ、秋には緑色の実をつけます。その花のかたちから「夏梅」と呼ばれることもあります。

マタタビの匂いを嗅《か》いでも、人間はなんともありませんが、ネコはマタタビの匂いを嗅ぐと、カラダをくねらせたり、ゴロゴロしたり、よだれをたらしたりするようになります。その様子から生まれた言葉が「ネコにマタタビ」なのです。

ネコがそんな状態になってしまうのは、マタタビの匂いにふくまれている成分がネコの神経をマヒさせたり、刺激したりするためです。

じつは、ネコだけでなくネコ科の動物の多くが同じような反応を示すことが知られています。たとえば百獣の王であるライオンさえも、マタタビの匂いを嗅ぐと、同じ状態になってしまうそうです。

QA じつはキツネは「油揚げが好物」ではない？

きつねそば、きつねうどんにのっている油揚げ。甘辛く煮た油揚げに酢飯を入れると稲荷《いなり》寿司ですね。

油揚げはキツネの好きな食べ物といわれますが、じつはそういうわけでもありません。

キツネは雑食性で、小動物や昆虫を食べたり、人間の食べ残したものを食べたりしています。オオカミと同じイヌ科に分類されますが、オオカミのように群れをつくらず、単独で行動します。

では、なぜキツネと油揚げが結び付いたのでしょう。

それは、稲荷信仰と深いかかわりがあります。稲荷神社の祭神は農耕の神様で、キツネは神様の使いとして祀《まつ》られています。油揚げが登場する以前は、穀物などをお供えにしていた人たちが、油揚げを食べて美味しかったため、これならばキツネも喜ぶだろうと考えて、お供えするようになったと考えられています。

スカンクは自分のおならをかいでも大丈夫？

スカンクのおならが臭いことは有名ですね。分泌された液が目に入ると、一時的に目が見えなくなるほどの威力もあります。

分泌される液の主成分は、ブチルメルカプタンというもので、硫化水素やニンニクの臭いにたとえられます。ただし、敵を見たらすぐにおならを放つわけではなく、前脚で地面を叩《たた》いたり、シッポを立てて肛門《こうもん》部を相手に見せたりして、まず威嚇します。それでも相手が引き下がらないと、最終兵器としておならを発します。4メートルから5メートルほど離れていても命中させられるそうです。

スカンクのおならの威力は絶大で、風向きによっては、半径2キロくらいまで達するといわれています。しかも、皮膚のタンパク質と強く結びつく性質があるために、一度浴びると、なかなか悪臭を取り除けません。衣類についた場合も、その悪臭は取れず、スカンクのおならを浴びてしまった服は二度と着られないとまでいわれています。

では、そんなに臭いおならを、もしスカンク自身が浴びてしまったら、どうなるのでしょうか。

じつは、スカンク自身には悪臭を放つ分泌物に耐性があって、被害を受けることはありません。そもそも分泌液を放出するタイミングを自分ではかれるわけですから、おならをしたあと、その場を立ち去ればいいわけで、スカンクが自分の悪臭でまいってしまうケースはないというわけです。

いちばん強い毒をもつ生物は?

毒をもつ動物と聞くと、毒ヘビや毒グモ、あるいはサソリあたりを思い浮かべるでしょうか。もしかしたらフグをイメージしたかもしれませんね。

もちろん、それぞれに強い毒をもっていますが、いちばん強い毒を持っている動物は、スナギンチャクだといわれています。

スナギンチャクはパリトキシンという毒をもっていて、この毒が人間の体に入ると、数時間から十数時間の間に中毒症状が出て、筋肉痛や、身体のマヒやけいれんなどを起こします。重症の場合は呼吸困難に陥ったり、不整脈が出たり、あるいは腎臓《じんぞう》の障害が起きて死に至るケースもあります。

毒性はフグの毒のテトロドトキシンよりも強く、ハワイの先住民族は、毒矢の毒に使っていたそうです。

ウサギが自分のフンを食べるってホント？

ウサギは植物の葉や茎、芽などを食べています。ところが、それだけではありません。自分のフンまで食べています。ウサギは、軟糞《ふん》というやわらかいフンと、硬糞というかたいフンをすることが知られていますが、そのどちらも食べているのです。

軟糞には、ビタミンやタンパク質など栄養に富んだものがふくまれています。厳しい自然のなかで生きる動物にすれば、そんな貴重なものを捨ててしまうわけにはいきません。自分のフンもウサギにとっては大切な食料なのです。

一方、硬糞には、それほどの栄養はふくまれていません。しかし、硬糞をよく噛《か》んで食べることで、ほかのエサを食べたときに消化や吸収の効率をアップすることに役立っています。

さらに、それぞれが、エサにありつけないときの非常食としての役目も果たしています。

モグラは土の中にもぐっても酸欠にならない?

地下で生活するモグラは、哺乳類《ほにゅうるい》ですから、肺で呼吸します。でも、土の中では、どうやって息をしているのでしょうか。

モグラの生活している空間は、地下数メートルという浅い場所で、そのあたりの土にはけっこう隙間があって、地上からの空気が入ってきますから、酸欠になる心配はありません。

さらに、モグラは、そのカラダの大きさから考えると、肺活量が大きいために、息が苦しくなることもないのです。

モグラの巣はワナだった？

モグラは、地中で生活していますから、そのエサは地中にいるミミズや昆虫の幼虫になります。

では、どうやってエサをとるかというと、もちろん、トンネルを掘っているときに出くわすこともありますが、じつは、モグラのトンネルに落ちてきた獲物をゲットすることも少なくありません。つまり、モグラの掘ったトンネルは、巣であるのと同時に、獲物を獲得するためのワナになっているのです。

ところで、モグラは泳げる……と聞いたら、ビックリしませんか。

じつは、たまたまモグラが地上に出たところが水辺だったとしても、ちゃんと泳いで移動できます。ずんぐりむっくりした胴体のモグラが泳ぐ姿を想像すると、なんとなくユーモラスですね。

日光に当たってもモグラは大丈夫？

モグラが地上で死んでいると、「かわいそうに、太陽の光に当たったから死んでしまったのか」と思う人が少なくないようですが、それは誤解です。いくら地中で生活しているモグラでも、太陽の光に当たっただけで死ぬことはありません。

じつは、モグラが地上に出てくるのは、それほど珍しいことではありません。なかなか目撃するチャンスがないだけです。

では、なぜ地上に死体があるかというと、たとえば、たまたま地上に出てきたときに外敵に襲われたということが考えられます。モグラの視力はとても弱いので、外敵の存在を見つけることが困難です。つまり相手からすれば格好の獲物です。

また、モグラ同士の争いに負けて追い出され、地上に出てしまうという場合もあります。

いずれにしても、太陽の光に当たって死ぬモグラはいないということです。

QA モグラは大食いチャンピオン？

モグラはとても大食いです。一説には「胃の中に12時間以上、食べ物がないと餓死してしまう」といわれています。

もし、ペットとしてモグラを飼っても、エサをやるのを忘れると死んでしまうことになります。

そこで、モグラにすれば、生きていくためには「非常食」が必要です。唾液《だえき》に麻酔のような成分がふくまれていて、獲物を噛んで仮死状態にして、巣に備蓄しておくという習性があるモグラもいます。そうなると、モグラの巣は、まるで非常用シェルターのような存在といえるかもしれません。

QA 動物園のクマは、どうして冬眠しない？

北海道のヒグマやツキノワグマは冬眠する動物として知られています。ヒグマは1年のうち3カ月以上も冬眠するといわれています。

でも、冬に動物園に行ってもクマを見ることができますね。動物園のクマは冬眠しないのでしょうか。

答えからいえば「冬眠しない」です。そして、その理由は、エサのなくなる心配がないからです。

クマが冬眠するのは、エサのない冬の時期は、ひたすら眠って、寒さを耐え忍ぶためです。そのために、秋のうちに、おなかいっぱい食べておいて、カラダのエネルギーを春まで保たなければなりません。

起きたり運動したりすればエネルギーを使います。でも、エサがなければ餓死してしまいます。それを防ぐ手段が冬眠というわけです。

動物園のクマは、毎日エサを食べることができますし、厳しい自然の寒さにさらされることもないので、冬眠モードに入らないのです。

QA クマのほかにも冬眠する動物は？

クマ以外の哺乳類では、ヤマネ、シマリス、コウモリなども冬眠することが知られています。たとえば、ヤマネは、本州、四国、九州に生息するネズミの仲間で、体長は約7センチ〜8センチ。体重は20グラム程度で、5センチくらいあるシッポも特徴的です。雑食性で、主に昆虫を食べていますが、くだものの実や種、木の芽なども食べます。おもしろいことに、くだものを食べるときは、皮を残して中身だけ食べるという性質があります。

ヤマネは、気温が12℃から14℃くらいになると、冬眠のスイッチが入ります。1匹だけで冬眠するのではなく、仲間と集まって、地中や落ち葉の下、あるいは樹の穴などで冬眠するという習性があります。

冬眠中は、ものを食べず、秋までにカラダに蓄えた脂肪を使って生きています。体温も、呼吸する数も、心拍数も低下させて、じっと春を待ちます。

クマと鉢合わせしたらどうする?

昔から「クマにあったら死んだふりをしろ」といわれますが、科学的にみると大きな間違いで、かえってクマの餌《え》食《じき》になりかねません。

また、木の上に逃げれば安全と思われがちですが、クマはけっこう木登りが上手ですし、大きなカラダでゆさゆさと木を揺らされたら、すべり落ちてしまうでしょう。

では、どうすればいいかといえば、クマが怖がるようなことをします。たとえば、懐中電灯を持っていれば、クマの目に光を当てるとか、大声を出してクマを威嚇するといったものです。

ただし、子連れのクマの場合は、子どもを守ろうとして襲いかかってくることがあるので要注意です。

逆に、子連れのクマの場合は、子どもを置き去りにしないために、深追いしてくることはありません。持っている荷物やリュックなどを近くの草むらなどに投げてクマの気をそらし、その間に逃げるといいでしょう。

ここでひとつ、大切なことを伝えておきましょう。それは、そもそもクマに出合わない方法です。

クマにしても、人間とバッタリ出合うから、恐ろしさのあまり挑んでくるのです。そこで、あらかじめこちらの存在をアピールしておけば、用心深いクマのことですから、襲ってくることはありません。

山道を歩くときは、鈴を鳴らしながら歩いたり、携帯ラジオから音を流しながら歩いたりすれば、クマのほうが逃げていくはずです。

どうしてゴリラのおなかはポッコリしている?

ゴリラは、いかつい姿なので、よほど凶暴だろうと思われがちですが、じつはおとなしい動物です。

意外なことに食べ物も、肉食ではなく雑食。しかも草食の傾向が強く、くだものや植物の葉っぱ、昆虫などを食べます。そういえば、動物園でバナナを食べているところを見かけますね。

ところで、ゴリラの体型をみると、厚くて、がっしりとした胸とは逆に、おなかがポッコリ出ているのに気づきます。でも、食べ過ぎておなかがふくらんでいるわけではありません。

草食性のゴリラは、繊維質をふくむエサを食べます。しかも、かなり多くの量を食べます。食べたエサを消化するために、おなかのバクテリアの力を借りますが、それによって多くのガスが発生します。そのガスが、おなかをふくらませているのです。

ガラガラヘビの「ガラガラ」の音は、どこから聞こえてくる？

その名のとおり、ほんとうにガラガラという音を立てて動くのがガラガラヘビです。その音の正体は、シッポの関節がぶつかる音です。

ガラガラヘビのシッポは、いくつもの節がつながってできています。節の大きさは、シッポの先にいくほど小さくなります。

ここで、木でできたお椀《わん》、たとえば、お味噌《みそ》汁のお椀を思い浮かべてください。そして、大きいお椀があって、それから、少しずつ小さくなっていくお椀がいくつもあると思ってください。そのお椀をぴったりと重ねるのではなく、隙間を開けて、それぞれのお椀の中心部を紐《ひも》でつないだ様子をイメージします。そのつながったお椀の列を動かすと、お椀どうしがぶつかる音が出ることが想像できますね。

これが、ガラガラヘビが動くと音がするメカニズムというわけです。

ゆっくり動いているときは、小さい音しか出ませんが、ガラガラヘビが興奮して大きくシッポを動かすと、かなり大きな音がします。

もしも山道でヘビにかまれたら?

ヘビというとマムシやハブなどの毒ヘビを想像するかもしれませんが、すべてのヘビが毒を持っているわけではありません。

しかし、毒ヘビのハブは沖縄や奄美《あまみ》大島などにしか生息していませんが、マムシは全国に生息しているので、ハイキングで山道を歩くときなどは、気をつけたほうがよさそうです。

もし、山道で毒ヘビにかまれてしまったら、まず、心臓と傷口との間を2か所しばり、傷口から毒を吸い出します（口内に傷がある場合は避けます）。もちろん、できるだけ早く吸い出し、口をすすぐこともお忘れなく。

ここまでが応急処置で、その後は一刻も早く病院にかけつけることです。

マムシの毒は、人間を即死させるほど強いものではないといわれていますが、ハブは猛毒ですから、できるだけ早く対処しなければいけません。

ゾウの妊娠期間は2年近くにもなる？

人間の妊娠期間は、平均すると266日といわれています。「おめでたです」といわれてから、母親のおなかのなかで胎児が育ち、成長とともに母親のおなかがだんだん大きくなり、「オギャーッ」と赤ちゃんが生まれます。

母親は、およそ9カ月もの間、もうひとつの命をかかえているわけですから、肉体的にも精神的にもたいへんなことでしょう。

さて、人間の場合は、およそ9カ月ですが、もっと長い妊娠期間になっているのがゾウ。なんと、21カ月、つまり1年9カ月も、おなかに赤ちゃんがいるわけです。しかも出産から半年ほどは、母親ゾウと子ゾウは、ほとんど密着状態です。半年を過ぎると、父親ゾウが子育てにかかわってきます。

ゾウ以外にも、妊娠期間の長い動物がいます。キリンやサイは、およそ15カ月、ラクダが約13カ月、シマウマやクジラ、ロバが、およそ12カ月、ウマが約11カ月となっています。

逆に妊娠期間が短いのがネズミで、およそ20日間といわれています。ハツカネズミというネズミの名前の由来は、妊娠期間が20日だからという説もあります。

和算に「ネズミ算」というものがあります。ある期間に、ネズミがどれだけ増えるかを計算する問題です。吉田光由《よしだみつよし》という人の『塵劫記《じんこうき》』という本に出ているものを紹介しましょう。

「お正月に、ネズミの夫婦に12匹の子ネズミ（オスとメスが6匹ずつ）が生まれました。親と合わせると、14匹になります。ネズミは、2月に子ネズミが、その子を12匹ずつ産みますから、親と合わせて98匹になります。こうして、ひと月に一度ずつ、親も子も孫もひ孫も、月々に12匹ずつ産むと、暮れまでに、ネズミは何匹になるでしょうか」

驚くことに、その答えは、276億8257万4402匹という膨大な数になります。もちろん、これは計算上の話ですが、どれだけ大きな数になるかは、おわかりいただけるでしょう。

さて、妊娠期間の話ですが、じつは、ネズミよりも妊娠期間が短い動物がいました。ハムスターは、なんと16日で子どもを産みます。

QA オットセイとアシカの違いは？

水族館では、イルカやペンギンのショーがおなじみですが、大きなカラダのオットセイやアシカも、みごとな芸を披露してくれます。オットセイとアシカを生物学的に分類すると、どちらもアシカ科に属する動物で、たしかによく似ています。

しかし、大きな違いがひとつあります。それは体毛の生え方です。

オットセイは、太い毛のまわりに細い毛が密集しています。太い毛1本に細い毛が50本くらい集まって束になっています。毛の隙間に空気がたまるようになっているので、水に浮くのが得意です。

一方のアシカの毛は、1本の太い毛のまわりに細い毛が5本くらいある程度。そのため、水に浮くことよりもスイスイ泳ぐほうが得意です。アシカは、大きく分けて、カリフォルニアアシカ、ガラパゴスアシカがいますが、芸を披露するのは、おもにカリフォルニアアシカだそうです。

QA とどのつまりのとどは、海獣のトド？

「最終的に」とか、「結局」といったことを表現するのに「とどのつまり」という言葉が使われます。「とど」といえば、体長3メートル以上、体重は1トンにもなる海獣のトドを想像するかもしれませんが、とどのつまりの「とど」は魚のことです。

ボラという魚がいます。熱帯から温帯にかけての海に広く生息し、体長は80センチくらいまで成長します。お刺身のほか、味噌汁の具にしたり、唐揚げにするなど、さまざまな料理で食べられる魚です。

このボラは、「出世魚」と呼ばれ、成長するにつれて呼び方が変わります。代表的な呼び名としては、「オボコ→スバシリ→イナ→ボラ→トド」というものです。つまり、ボラがさらに成長すると「トド」と呼ばれる魚に出世するのです。海獣のトドとは関係ありません。

イルカの出産には助産師が立ち会う?

いまでこそ、お母さんが病院で赤ちゃんを産むのが一般的ですが、以前は自宅で出産することも珍しくなく、そういうときには、「お産婆さん」や「助産婦さん」と呼ばれる人がお産に立ち会いました。

動物の場合は基本的に自力の出産ですが、じつは、仲間が出産の手伝いをしてくれる動物がいます。それはイルカです。

まず、イルカが出産するときには、仲間のメスのイルカが周囲をガードして、サメなどの敵から守ります。

イルカは哺乳類《ほにゅうるい》ですからヘソの緒があります。出産を終えてヘソの緒を切ると、最初の呼吸をさせるために、母親イルカは子どもイルカを海面に連れていきますが、そのときも仲間がサポートしてくれます。

さらに、出産で母親イルカのカラダが弱っているときには、仲間が子育てを手伝ってくれるそうです。

じつはこうしたお手伝いは、すべてメスのイルカがしています。どうやらオスのイルカは何も手出しができないようで、人間の夫が、妻の出産のときに何もできず、病院の廊下でウロウロしているだけというのに、なんだか似ています。

暑い赤道直下にもペンギンがいる?

ペンギンが赤道直下にもいるといったら、「まさか!?」と思うでしょう。でも、動物園や水族館で飼育されているわけではなく、野生のペンギンが赤道直下のガラパゴス諸島で暮らしているのです。

ガラパゴス諸島は、南アメリカ大陸のエクアドルの西方900キロメートルから1200キロメートルに位置するエクアドル領の島々です。

最大甲長が130センチ、体重が300キロにもなるガラパゴスゾウガメ、黄色い顔をしたガラパゴスリクイグアナ、体長が150センチにもなるウミイグアナのほか、ヨウガントカゲやガラパゴスアシカ、ガラパゴスオットセイといった動物とともに、ガラパゴスペンギンも生息しています。

しかし、ガラパゴスペンギンは、ガラパゴス諸島生まれではありません。そのルーツは南極です。南極から切り離された氷山が海流によって運ばれ、ガラパゴス諸島にまでたどりついたと考えられています。その証拠に、ガラパゴスペンギンは、ペンギン目ペンギン科フンボルトペンギン属に分類される鳥類です。

カモやツルの脚は、しもやけにならない？

北海道の道鳥はタンチョウというツルで、１９６４年に指定されています。

タンチョウは漢字で丹頂と書きます。タンチョウは、頭のてっぺんに羽毛が生えていません。そのため赤い皮膚が見えるので、この名がつけられました。

体長はおよそ１２５センチから１５０センチほどですが、翼を広げると2メートル以上にもなります。体重は6キロから9キロ程度です。

タンチョウにかぎらず、ツルが青い大空を優雅に飛ぶ姿は、ほんとうに美しいものです。でも、空を飛んでいるときはいいとしても、ツルは陸上に降りると、細い脚で立つことになります。たとえば、北海道のような寒いところで、冷たい水の中にいて、しもやけにはならないのでしょうか。

じつは、ツルのカラダには、ちょっとした秘密があります。胴体と脚をつないでいる関節の部分に温度調節をする機能がついているのです。

この機能によって、ツルの胴体はおよそ40℃くらいの体温ですが、水や氷、あるいは雪に接する脚の温度は、外気温と同じくらいになります。

もちろん、脚にも血液は流れています。しかし、関節の温度調節機能によって、胴体を流れている血液が脚にいくときは温度が下げられ、脚から胴体に戻る血液は温度が上げられるようになっているのです。

ツルだけではなく、カモにも同じ機能があって、冷たい水の中でも大丈夫なようになっているというわけです。

QA オシドリの夫婦は、本当におしどり夫婦か？

仲のいい夫婦のことを「おしどり夫婦」といいます。では、オシドリは、本当に夫婦仲がいいのでしょうか。

じつは、仲がいいのは最初のうちだけで、夫婦になったオシドリのオスは、メスが卵を産むと、どこかへ行ってしまいます。

オシドリの卵がかえるまでには、およそ1カ月かかりますが、その間、卵を一生懸命あたためているのはメスというわけです。ペンギンのオスは厳しい寒さのなかで卵をあたためることが知られていますが、同じ鳥でも、ずいぶん違うものです。

オシドリはカモ科オシドリ属の鳥ですが、オシドリにかぎらず、カモの仲間は、パートナーを毎年替えるという習性をもっています。

では、本当に夫婦仲のいい鳥は何かというと、ツルや白鳥です。一生、いっしょに暮らすカップルが多いといわれています。

Q A 梅の木には、どうしてウグイスが集まるのか？

日本画では、梅の木にウグイスがとまっている様子が描かれたものがあり、梅とウグイスはひとつのセットのように思われています。たしかに、春告げ鳥とも呼ばれるウグイスですから、梅との組み合わせは、風情のあるものといえるでしょう。

しかし、これは誤解です。ウグイスというのは警戒心の強い鳥で、梅の木の枝にとまって、のんびり「ホーホケキョ」と鳴くようなことはしないのです。

では、なぜ「梅にウグイス」となったのかといえば、メジロとウグイスがよく似ているからです。

メジロは、スズメよりもちょっと小さい鳥で、体長はおよそ12センチ。オリーブ色のカラダをしています。一方、ウグイスの体長は、オスが16センチくらい、メスは14センチくらいで、背中がオリーブ色。要するに、よく似た鳥どうしで、見間違えられたと考えられています。

QA 渡り鳥はなぜ編隊を組むのだろう?

航空ショーなどで飛行機が編隊を組んで飛んだり、アクロバット飛行を繰り広げたりする映像を目にすることがあります。地上から見ていると、「見事だな」と感心します。

さて、アクロバット飛行はしませんが、渡り鳥たちは編隊を組んで長い空の旅をします。でも、編隊を組むのは、見た目がカッコイイからではありません。じつは科学的にみて、とても合理的な理由があるからです。

空を飛ぶということは、飛行機にしても鳥にしても、空気の抵抗を受けながら移動するということです。もし、バラバラに飛んでいたり、ただ群れて飛んでいたりしたら、一羽一羽が空気抵抗を受けるようになります。

短い距離ならともかく、長い距離を移動する渡り鳥は少しでも空気抵抗を減らしたいはずで、それが編隊を組む理由なのです。

たとえば、長距離を移動する渡り鳥として知られているキョクアジサシという鳥がいます。体長約35センチ、体重100グラム程度という、それほど大きくも重くもない鳥ですが、1年の間に北極圏と南極圏を行き来しています。一生の間におよそ240万キロも飛ぶといわれていますが、この距離は、地球と月との間を3往復する距離とほぼ同じです。

これらの渡り鳥は、編隊を組むことで、先頭の鳥が空気の流れをつくり、後続の鳥たちは、その空気の流れを利用して飛び、空気抵抗を減らしているのです。

日本には、どんな渡り鳥がやってくる？

ひと口に渡り鳥といっても、日本で夏を過ごす鳥もいれば、冬を越す鳥もいます。また、移動の途中で、しばらく日本に滞在するという渡り鳥もいます。繁殖のために南からやってきて、日本で夏を過ごし、繁殖期が終わると、越冬のために南に去っていくのが夏鳥と呼ばれる渡り鳥です。ツバメ、アマサギ、オオルリなどが、その代表です。

この反対の冬鳥は、越冬のために北方からやってきて、日本で冬を過ごし、春になると繁殖のために北へ行く鳥です。ツグミ、ジョウビタキ、ユリカモメ、マガモ、オオハクチョウ、マナヅル、オオワシなどが、その代表です。

日本よりも北で繁殖し、日本よりも南で越冬する鳥が旅鳥と呼ばれる渡り鳥です。移動の途中で、日本にちょっとだけ立ち寄るといったところでしょうか。移動の時期にあたる春と秋に見られる渡り鳥で、シギ、チドリの仲間が、その代表です。

巣に帰ってくるツバメは、去年のツバメと同じツバメ？

ツバメは春になると日本にやってきて、巣をつくり、4月から7月頃にかけて産卵し、ヒナを育て、秋になると南へ去っていきます。

体長はおよそ17センチですが、飛行に適した細長い体型の鳥です。

特徴的なのは、長く切れ込みの深い二股《ふたまた》の形をしたシッポ。男性がパーティーや晩《ばん》餐《さん》会などに着る礼服の最上級とされる燕尾《えんび》服という名称の由来にもなっています。

冬を東南アジアのほうで過ごしたツバメは、春になると日本に戻ってくるのですが、同じ巣に、同じつがいが戻ってくる割合は、およそ3割から4割だそう。6割から7割は、どちらか片方だけになるようです。

ツバメのなかには、秋になっても日本に残り、春まで暮らすツバメもいます。それは「越冬ツバメ」と呼ばれています。

カッコウは、子育てをしない？

人間だけでなく多くの動物は、子どもが生まれると子育てにはげみます。ドキュメンタリー番組などで、敵に襲われた親が、自分が犠牲になってでも子どもを守ろうとするシーンがあります。親というのは、自分より子どものことを考えるものなのですね。

ところが、カッコウの場合は、子育てをしないどころか、自分で産んだ卵をあたためることさえしません。

では、どうやって卵からヒナがかえるかといえば、托卵《たくらん》という手段をとっているのです。

カッコウの母親は、モズやホオジロなどの巣を見つけると、卵のあることを確認して、そこに自分の卵を産みます。しかも、数を合わせるために、もともとあった卵を捨ててしまうという悪知恵まで働かせています。

モズやホオジロは、そんなこととは露知らず、一生懸命に卵をあたためるのですが、自分の産んだ卵よりも先に、カッコウのヒナが生まれることになります。

親が親なら子も子で、居候のくせに巣の中で主導権をとり、義理の母からのエサを真っ先にぶんどってしまうそうです。

カッコウのように子育てを放棄してしまう「無責任母鳥」は、けっこう多いそうですが、人間だったら考えられない話ですね。

エサを横取りする鳥がいる？

鳥のなかには、ちょっとズルい性質があるものがいます。

たとえばシジュウカラ、コガラ、ハシブトガラといった鳥がその代表で、「知能的にエサを横取りする」というものです。

鳥たちには言葉はありませんが、警戒声という独特の声があります。敵の存在を仲間に知らせる鳴き方です。この警戒声は、同じ種類の鳥だけでなく、ほかの種類の鳥にも伝わるといわれています。

彼らは、自分たちよりも強い鳥がエサを見つけたところに遭遇すると、この警戒声を悪用するのです。つまり、本当は敵がいないのに、「敵がいるぞ」という情報を流して、自分たちがそのエサをいただいてしまうというわけです。

たしかに自然界は弱肉強食の世界ですが、賢いというよりも、ズル賢い鳥ではありませんか。

クモは、古くなったクモの巣を食べる?

クモは、巣を張って獲物をキャッチすることはよく知られていますが、なかには、獲物だけでなくクモの巣そのものも食べてしまうクモがいることをご存知でしょうか。

オニグモというクモは、古くなったクモの巣を食べて、新しいクモの巣に張り替えるという性質があります。

じつは、クモの巣にひっかかるのは、獲物だけではありません。たとえば花粉なども付着します。花粉もクモにとっては重要な栄養源になるので、クモの巣と一緒に食べているのです。

また、新しく張られたクモの巣の成分の80パーセントは、古いクモの巣からできるものともいわれています。つまり、クモは自分の巣の材料をしっかりリサイクルしているというわけです。

鳥の糞に化けるチョウがいる？

コノハチョウを知っていますか。コノハチョウは外敵から自分の身を守るため、枯葉のような姿をしています。しかも、危険を感じるとカラダを前後にユラユラと動かして、まるで木の葉が揺れているように見せかけるという行動をとります。いわばカモフラージュですね。

コノハチョウほど手の込んだマネはしませんが、バッタやカマキリなどの昆虫も、敵の目をくらますために擬態します。

なかには、鳥の糞《ふん》に擬態する昆虫もいます。アゲハチョウの幼虫は、黒褐色と白のまだら模様をしていますが、そのかたちが鳥の糞にそっくり。鳥にとって幼虫は格好のエサですから、擬態することで天敵の目をくらましているのです。

また、自分の糞をカモフラージュに使う昆虫もいます。北海道から九州まで日本各地に生息するカメノコハムシという昆虫は、自分の糞でカラダをおおって天敵の目をごまかします。ちなみに漢字では「亀子葉虫」と書きます。カメノコハムシ自体がヒイラギの葉っぱのような姿をしていて、すでにカモフラージュしているようなものですから、よほど警戒心の強い虫といえそうです。

イモムシは、どれくらいのスピードで進む？

イモムシは漢字で「芋虫」と書きますが、それは、姿が「芋」に似ているからではありません。もともとは、サトイモやサツマイモなどの葉を食べるスズメガ科などの幼虫のことで、のちに、チョウやガの幼虫を指すようになりました。

イモムシの進むスピードは、時速およそ18メートルから30メートル。つまり1分間に約30センチから50センチしか進めません。

では、どうやって進んでいるのかといえば、上から見ても、カラダで隠れてしまうため見えないのですが、イモムシにもちゃんと脚があるのです。

トノサマバッタは、カラダの色で育ち方がわかる？

トノサマバッタといえば、日本のバッタの代表的存在。65ミリにもなる体長は、ショウリョウバッタに次いで大きく、ダイミョウバッタと呼ばれることもあります。

このトノサマバッタは、育ち方によってカラダの色が違うという不思議な性質があります。

ひとつは、バッタの少ない環境で育ったもの。もうひとつは多くの仲間たちのいる環境で育ったものです。

じつは、この2種は、いくつかの違いがあります。

まず、カラダの色です。仲間の少ないトノサマバッタが緑色をしているのに対して、仲間の多いほうは黒っぽい色をしています。つまり、カラダの色で、どんな育ち方をしてきたかがわかるわけです。

仲間の多いトノサマバッタのカラダの特徴として、胴体が細長い、胸のあたりが平らになっている、羽が長い、後ろ脚が短いといった点があげられます。また、攻撃的な性格で、飛ぶ能力が高く、しかも長距離を飛べるのも特徴です。
人間も環境によって性格が変わるといわれていますが、カラダの色や体型、あるいは飛ぶ能力まで変わってしまうとは驚きですね。

野外でハチに刺されたらどうする?

何かの拍子に蜂の巣を刺激してしまうと、それこそ「蜂の巣をつついたような」大騒ぎになります。もし、それが獰猛《どうもう》なスズメバチだったりすれば、命にかかわる事態になりかねません。

もし、ハチに追いかけられたら、とにかく逃げること。そのときのポイントは全速力でまっすぐに走ることです。なぜなら、ハチは左右に動くものに反応する性質があるからです。

ハチが巣を襲った人を追いかけてくるのは、巣を守るためです。ですから、巣からある程度離れれば、ハチはもう追いかけてきません。そのためにも、まっすぐに走るほうが有利です。

ハチが部屋に入ってきたら？

ハチが部屋の中に入ってきてしまった……。そんなときに、家庭によくある殺虫剤をかけても、あまり効果はありません。ハエや蚊には効く殺虫剤でも、手ごわいハチには効かないのです。

では、どうすればいいか。そこで活躍するのがヘアスプレーです。ヘアスプレーをシュッとかけると、ハチの羽の動きを止めることができるのです。

しかし、羽が動かせなくなって床に落ちたハチも、死んでいるわけではありませんから、叩《たた》きつぶすか、強力な殺虫剤を使って息の根を止めるかしないと危険です。

昆虫は死ぬとどうしてひっくり返る？

昆虫の脚は6本で、細い割に、しっかりとカラダを支えています。また、素早く動きまわる昆虫も少なくありません。これは脚がバランスよくついていて、なおかつ脚の筋肉が発達しているからです。

ところで、死んだ昆虫は、たいてい仰向《あおむ》けにひっくり返った姿になっています。どうしてでしょうか。

昆虫にかぎらず、動物が死ぬと、カラダの筋肉は収縮します。そのため、バランスをくずしてしまい、支える脚にも力が入りません。その結果、重たいカラダが下になり、縮んだ脚を上にして、ひっくり返った状態になってしまうのです。

ホタルの光で本は読めるか？

スーパーマーケットの閉店時などに流れる「蛍の光」ですが、以前は、卒業式の定番ソングでした。そのなかに出てくる「蛍の光」は、ホタルの光を集めた灯《あか》りで本を読んだり勉強したりすることをいったものです。

さて、卓上型の蛍光灯スタンドには、30ワットくらいの蛍光灯ランプが使われています。ホタル1匹が放つ光は、約0・035ワットといわれていますから、1000

匹いれば、その明るさになる……と思うのは、ちょっと早合点です。なぜならホタルは光を点滅させるので、その2倍の2000匹は必要になるでしょう。2000匹のホタルを集めるのがたいへんなことは、いうまでもありません。

ゲジゲジの脚の数は成長すると増えていく？

人間は赤ちゃんでも、おじいちゃん、おばあちゃんでも足は2本です。昆虫の場合は6本と決まっています。ところが、成長するとともに脚の本数が増えるゲジという虫がいます。太くて濃い眉毛《まゆげ》のことをゲジゲジ眉毛などといいますが、そのゲジゲジ眉毛の由来となっている虫です。

ゲジは、ムカデの仲間で、昆虫ではなく節足動物に分類されます。生まれたばかりの幼虫は8本の脚です。それが脱皮によって成長し、それにともなって脚の数が増えていきます。

生まれてから2年で成虫になったとき、脚の数は、なんと30本にもなります。

ゲジは、鳥などの天敵に襲われると、脚を切って逃げることがあります。でも、次の脱皮のときに、ちゃんと脚が生えてくるようになっています。

ゲンゴロウは、なぜ長く水にもぐっていられるのか？

水田や池などでくらす昆虫を水生昆虫と呼びます。水生昆虫の多くは肉食性で、ほかの水生昆虫やカエル、ドジョウなどをつかまえて食べたり、体液を吸ったりします。その代表がゲンゴロウ。水中で生活しているゲンゴロウですが、魚のようなエラがあるわけではなく、空気を吸って生きています。しかし、ゲンゴロウは、長いあいだ水中にもぐっていることができます。

その秘密は、「空気のタンク」を持っているから。

ゲンゴロウには、背中の羽と胴体の間に空気をためこめるスペースがあり、それが空気のタンクの役割を果たしています。水面にあがったときに、そこに空気をたっぷりとためておくというわけです。

このメカニズムによって、ゲンゴロウは、2分から10分間、水にもぐっていられるというわけです。

QA ミミズの頭の見分け方は？

動いているミミズを見ていれば、進んでいるほうが頭だろうと思いますね。でも、じっとしているミミズを見ても、どちらが頭で、どちらがシッポか、区別がつきません。

しかし、よく観察すれば、頭とシッポを見分けることができます。

ミミズのカラダは、いくつもの節でできていますが、カラダの一部分だけ、ほかの部分より幅広く、太く、色の違っているところがあります。この部分は環帯と呼ばれるもので、その環帯のあるほうが頭です。

多くのミミズは土の中に生息していますが、イトミミズは、汚れた川や下水管、あるいは溝などに集団で生息しています。生命力の強いミミズといわれています。

ヘイケガニは、なぜ貝を背負っているのか

褐色で、甲にはくっきりと溝があり、その模様がまるで、つりあがった目、だんごっ鼻、そして固く結んだ口のように見えるヘイケガニ（平家蟹《へいけがに》）。怒った人間の顔のようだといわれています。

日本では、北海道の南部から、相模湾《さがみわん》や紀伊《きい》半島、有明海など広い範囲に生息し、さらに朝鮮半島、中国北部、ベトナムまで、東アジア沿岸域に広く分布していますが、日本の場合、瀬戸内海でよく見られます。

瀬戸内海といえば、源平の合戦の舞台として知られるところ。科学的ではありませんが、怒った人の顔に見えるヘイケガニの模様は、壇ノ浦《だんのうら》で滅亡した平家の呪いが現れたものという伝説が生まれ、名前も、それに由来しています。

さて、そのヘイケガニには不思議な習性があります。それは貝殻を背負っていること。じつは、ヘイケガニの仲間で、鬼の面のような模様をしたキメンガニ（鬼面蟹）も、同じように貝殻を背負っています。

もちろん、怒った顔や鬼の面を隠すために貝殻を背負っているわけではなく、昆虫の擬態に似たようなもので、それぞれカモフラージュのために貝殻を背負っていると考えられています。

カニが吹く泡の正体は?

陸上にいるカニは、よく泡を吹いていますね。でも、苦しくて泡を吹いているわけではありません。呼吸をするために必要だからです。

カニはエラ呼吸をする動物です。水中で、脚の付け根から水を吸い込み、水に溶けている酸素を吸収し、口の脇にある穴から余分な水を出しています。

しかし、陸に上がってしまうと水がありません。そのためカニは、口から水を出して、脚の付け根にある水の吸い込み口まで流し、その水を使ってエラ呼吸をしているのです。

余分な水から酸素を吸収できるのか、と疑問をもつかもしれませんが、出された水は、大気にふれることによって酸素を取り込むから大丈夫です。というわけで、まさに水のリサイクルをしているような話です。

では、どうして泡になるかというと、さすがにリサイクルされる水も、何度か繰り返して利用されるうちに粘り気が出てきます。泡は、その粘り気によってできたものです。

タラバガニの脚はどうして8本しかない?

カニといえば冬の食べ物で、「忘年会はやっぱりカニ鍋《なべ》がいい」という人も少なくないでしょう。

ところで、一般的にカニの脚は10本ですが、タラバガニは脚が8本しか見当たりません。あとの2本は、どこに行ってしまったのでしょうか。

じつは、よく見ると、タラバガニの脚は10本あります。ただ、いちばん下の脚は甲羅にかくれていて見えないのです。

この幻の脚は、脚というよりも手の働きをします。たとえば、エラの掃除なども器用にやるそうです。

タラバガニという名前がついていますが、生物学的にはヤドカリの仲間に分類されます。

魚の耳はどこにある？

耳たぶはありませんが、魚にも耳があります。頭の中に内耳という骨のような器官があって、音をキャッチできるようになっているのです。

また、カラダの外側にも耳がついています。側線と呼ばれる器官で、本来は水の流れを感じるところですが、音も波の一種なので、この側線で音を感じることができるというわけです。

たとえば池の鯉は、人が近づいてくるとエサがもらえると思って、寄ってきます。人の足音が聞こえているからです。

また渓流釣りをする人は、静かに、そーっと歩いています。もちろん、魚を逃がさないためです。

地震を予知する動物がいる?

地震が科学的に解明される以前、たとえば、江戸時代の日本では、ナマズが地震を起こすと考えられていました。もちろん、いまどき、そんなことを信じている人はいません。しかし、動物には地震を予知する不思議な能力が備わっているようです。

2004年12月26日に起きたスマトラ沖大地震では、タイで観光客を乗せていたゾウが地震を察知して、観光客を乗せたまま避難して助かったといいます。

地震の前にはイワシが豊漁になるという話もあります。たとえば、1974年の伊《い》豆《ず》半島沖地震のときも、1923年の関東大震災のときも、イワシの漁獲量が急増したという記録があります。

このほかにも、深海魚が海面近くにまでやってきたり、冬眠中のヘビが地上にあらわれたり、ネズミが集団で走りまわったりするといった動物の異常行動が観察されています。

いちばん大きい細胞は何？

細胞といわれると、とても小さいから顕微鏡でなければ見えないと思う人も少なくないでしょう。たしかに、細胞のなかには、０・００１ミリというものもあります。ところが、肉眼で見ることのできる細胞もあります。それが「卵」です。たとえば、ニワトリの卵の黄身は、それがひとつの細胞です。

現在、確認されている最大の細胞は、陸上動物の場合、ダチョウの卵の卵黄です。大きさは、およそ12センチといわれています。ダチョウはオスは、立ち姿が約２・４メートルくらいで、体重は１５０キロにもなる世界最大の鳥ですが、細胞も最大だということです。

海洋動物の場合は、ネズミザメの卵で、こちらは約20センチから22センチほど。ネズミザメは成長すると体長３メートルほどにもなります。

第2章 カラダと健康の謎

QA

人間が噛む力はどれくらい?

食事のとき、お母さんから「よく噛《か》んで食べなさい」といわれたものでしょう。噛むことを咀嚼《そしゃく》といいますが、食べ物をよく噛むと、唾液《だえき》が分泌されて、消化を助け、胃によけいな負担をかけません。また、咀嚼は早食いを防止しますから、ダイエットにも効果があります。

噛むことについては、噛んだときにどれくらいの力がかかるかも問題になります。もちろん人によって違いますが、男性の場合、およそ60キロ、女性なら40キロくらいの力がかかります。なかには100キロもの力のかかる人もいるそうです。

また、歯並びがよくなかったり、噛み合わせが悪かったり、歯ぎしりなどで歯に負担がかかると、噛む力は落ちるといいます。

生きていくために食べることが基本であることはいうまでもありません。そして、歯はものを食べるために大事な役割を果たしていますから、異常を感じたら、すぐ歯医者さんにかかりましょう。

鼻血が出たときは、どうしたらいい?

何かの拍子に鼻血が出ると、上を向いて、鼻にティッシュをつめて、首の後ろをトントンとたたいて……という人も少なくないと思います。ところが、これでは鼻血は止まらないどころか、逆効果です。

まず、上を向いてしまうと、鼻血がのどのほうに流れて、気管をふさぐ危険があります。

次に、ティッシュをつめると、ティッシュの吸水性がとても高いために、鼻血をいつまでも吸い続けてしまいます。血は固まることで止まるものなので、流れ続けていては止まりません。さらに、鼻の粘膜を傷つけることにもなりかねません。

鼻血が出た場合は、血はティッシュで拭《ふ》き取るとしても、下を向いて小鼻のあたりを指でつまんで、おとなしくしていれば止まるはずです。

突き指は引っ張れば治る?

ちょっとした拍子に指を何かにぶつけたり、バスケットボールやバレーボールなどをして、突き指をしてしまうことがありますね。昔は「引っ張れば治る」などといわれていましたが、そうはいかないというのが最近の常識です。

軽い突き指だと思っても、靭帯《じんたい》を損傷していたり、ときには関節が外れていたりすることもあります。そんなときに引っ張ってしまったら、さらに状態を悪くすることになります。

突き指をしたときに、腫《は》れたり、赤くなったり、紫色になっていたりしたら、むやみに動かしてはいけません。きちんと外科にかかってください。ひとつ間違うと、長引くことにもなりかねません。

毛を剃ると濃くなるってホント?

体毛を剃《そ》ると濃くなるといわれますが、本当にそうなのでしょうか。

答えは「ウソ」です。体毛は、剃ることによって濃くなるようなことはありません。でも、たしかに濃くなったように見えるのは、なぜでしょうか。

髪の毛にしてもヒゲにしても、体毛が最初に生えてきたときは、毛先のほうが細くなっています。ところが、剃ることによって毛に断面ができると、当然、最初に生えてきた毛先よりは太いものになります。そのため濃くなったように見えるというわけです。

ソバカスの正体は?

人間にも動物にもメラニン色素があります。メラニン色素は、太陽からの紫外線をさえぎる役割を果たしています。夏に日焼けするのも、メラニン色素の働きによるものです。

メラニン色素は、メラノサイトと呼ばれる細胞によってつくりだされます。体じゅうにある細胞ですが、それが身体の一部に集まる場合があります。すると、そこだけ色が濃くなってしまい、シミやソバカスになります。

シミとソバカスはよく似ていますが、ソバカスは、遺伝的要素が強いとされ、一般的に色の白い人の肌に出ます。

ビタミンの摂りすぎは、かえって不健康のもと

ビタミンといえば健康にいいというイメージがありますね。でも、ビタミンを摂取しすぎると、かえって健康を損なう場合があります。

もっとも、ビタミンCのように水に溶けてしまう性質をもつものは、たとえ摂《と》りすぎたとしても、尿として体の外へ出されるので問題ありません。

厄介なのは、体に蓄積されてしまうビタミンAやビタミンDの存在です。

たしかに、ビタミンＡには皮膚や粘膜を健康な状態に保つ効果があります。ところが、摂取しすぎると、頭痛や吐き気を起こす原因になります。肝臓肥大にも影響があるとされるほか、髪の毛が抜けてしまうケースもあるそうです。

ビタミンＤの摂りすぎでは、胃腸の病気になったりする危険性があります。

もちろん、日常の食事をしているだけで過剰に摂取するようなことはありません。気をつけたいのは、いわゆるサプリメントに頼りすぎて、摂りすぎてしまうことです。

貧血は血液が足りなくなるから？

「ちょっと貧血気味で」という話を聞くことがありますが、人間の体の血液の量は、そうそう変化するものではありません。

貧血というのは、血液の量が少なくなってしまうことではなく、血液の成分で不足しているものがあるということです。

では、何が不足しているかというと、その代表は赤血球です。赤血球は全身の細胞や組織に酸素を運ぶ役割をしています。しかし、赤血球は１２０日くらいで役目を終えて壊れてしまう性質があります。その時点で新しい赤血球がつくられていれば問題ありませんが、補充されないと細胞や組織は酸欠状態を起こすようになります。

これが貧血のときに起こる、めまいや立ちくらみです。

貧血を防ぐには、ホウレンソウやレバーなど、鉄分の多い食品をとることがおすすめです。

クルマに乗るとすぐに酔ってしまう人は？

クルマやバス、船などに乗ると、すぐに酔ってしまうという人がいます。

人間の身体の平衡感覚は、内耳にある三半規管でとられています。ところが、乗り物に乗ったとき、急にスピードが変わったり体が傾いたりすると、目で見る情報（景色など）と、三半規管でとらえる情報がマッチせず、脳が混乱を起こして酔いやすくなると考えられています。

でも、乗り物酔いしやすい人も、いくつかの点に注意すれば、かなり症状を抑えられます。

まず車内で読書などをしていると、確実に乗り物酔いを起こします。座って本を読んでいる状態で、体が急に傾いたり揺れたりするわけですから、酔いやすくなるわけです。走っているときには近くを見ずに、遠くの景色を見ているほうがいいでしょう。

服装は、ゆったりしたものを選ぶように。下着やベルトで体を強く締めていると酔いやすくなるからです。

また、極端な空腹や満腹も酔いやすくなります。調子に乗って食べ過ぎないようにしてください。

ここまで気をつかえば、乗り物酔いはかなり防げるはずです。

赤血球と白血球、それぞれの役割は？

赤血球と白血球が血液の成分であることは、よく知られています。では、それぞれの働きに、どんな違いがあるのでしょうか。

まず赤血球は、酸素を細胞や組織に供給する役割を果たしています。ヘモグロビンという赤い色素をもっているので、この名になりました。

一方の白血球は、体のなかに入ってきた細菌やウイルスなどの異物を排除する役割を果たしています。そこで、白血球の数が増えているときは、体に何かの異常が起きていると考えられるわけです。

ヨーロッパの人には血液型が6種類ある？

占いや相性診断にも登場するのが血液型。A、B、O、ABという4つの血液型がありますが、じつはこれは日本での話。ヨーロッパに行くと、血液型には6つのタイプがあるのです。といっても、C型やD型があるわけではなく、A型が1型と2型に分けられているというものです。つまり、A型はA1型とA2型に分かれ、AB型もA1B型とA2B型に分けられています。

日本人の血液型の割合は、A対B対O対ABでみた場合、およそ4対2対3対1といわれています。また、ヨーロッパのように、A1型とA2型に分類すると、圧倒的にA1型が多いそうですが、ヨーロッパの人の場合、A1型とA2型に分類すると、1対4で、A2型の人が多いそうです。

関節がポキポキ鳴るのは、どうして？

手の指を、もう一方の手を使ってグッと曲げると、ポキッという音がします。もちろん骨が折れたわけではありませんし、痛みもありません。では、あのポキッという音は何の音なのでしょうか。

人間の骨は丈夫で強いものですが、指の関節は、やわらかい軟骨と、曲げ伸ばしをスムーズにするための潤滑液でできています。

ふだん指を曲げ伸ばしするときに音は出ませんが、ちょっと力を加えて曲げようとすると、関節の端にズレが生まれます。そのとき、潤滑液からガスが発生して、ポキッという音が出るのです。

QA

脳は1日にどれだけのエネルギーを使うのか？

人間の脳の質量は、約1・2キロから1・4キロ。全体重のわずか2パーセントほどです。ところが、脳はとても多くのエネルギーを使います。

何もしないでじっとしていても、生命活動を維持するために必要なエネルギーのことを基礎代謝といい、だいたい1日に1100キロカロリーが必要とされています。そして脳は、そのおよそ3分の1にあたる340キロカロリーを使うといわれています。

しかも脳のエネルギーになることができるのはブドウ糖だけで、タンパク質や脂肪では脳が働いてくれません。脳で使われるブドウ糖は1時間に約5グラム、1日で120グラムにもなります。

脳については医学的に解明されていないことも多く、まるで「宇宙のような存在」といわれることもあります。

運動神経は遺伝するのか？

「ボクのお父さんは運動神経が悪いから、ボクも運動が苦手だ」なんて子どもに言われたら、お父さんはガッカリしてしまいますね。

さて、運動神経は、遺伝するものでしょうか。

スポーツ選手のなかには、親がとくに運動神経がよくなくても、世界に名を轟《とどろ》かせる活躍をする人もいます。逆に、有名スポーツ選手の子どもが必ずしもすばらしい活躍をするわけではありません。

こうしたことから考えると、遺伝とはあまり関係がないように思えますね。

手や足を動かすという動作の命令は、大脳皮質の運動野から出されて、手足に送られます。この指令をすばやく伝えられる人が、運動神経がいい人ということになります。運動神経は練習を続けることによって、さらにスピーディな反応を可能にします。

もちろん、身長や体格など、親から受け継ぐ要素はありますが、スポーツ選手は毎日しっかりトレーニングをして、自分のワザを磨いているのです。

海やプールで溺れそうになったら

海やプールで泳いでいるとき、急に足がつる場合があります。深いところだとパニックを起こして、溺《おぼ》れてしまう場合もあります。

こんなときは、とにかく落ち着くことがいちばん。そして、思い切り息を吸い込んで水中に潜り、足の親指を上に反らせるように引っぱります。こうすると激痛が治まります。

足が動くようになったら、ゆっくり岸に向かって泳いでいきます。そして陸に上がったら、つった部分をゆっくりマッサージしていれば、痛みやつりは収まるはず。もちろん、その日は、念のために水遊びはやめましょう。

泳ぎの得意な人でも溺れる?

「河童《かっぱ》の川流れ」という言葉があります。泳ぎの得意な河童でも溺れることがある、つまり、どんな達人でも失敗することもあるという意味ですが、実際に、泳ぎが得意な人でも溺れる場合があります。

もちろん、足がつったり、貧血を起こしたりといったアクシデントも考えられますが、泳ぎが得意な人が溺れる原因のひとつとして、錐体《すいたい》内出血が考えられます。錐体というのは、耳の奥の中耳や内耳を取り囲む骨のことです。

人間が呼吸をするとき、ふだんは鼻から空気を吸って口から出す鼻呼吸をしていますが、泳いでいるときは、口から空気を吸って、鼻から出す口呼吸をします。

ところが、水面に顔を出すタイミングが合わなくて、鼻から息を吸ってしまうこともあります。そのときに、鼻から水が入ってしまうと、水が中耳のほうにまで入りがちです。すると、中耳内の圧力のバランスがくずれて、内出血を起こしてしまうのです。

出血すると、身体の平衡感覚を司《つかさど》る三半規管の機能が低下してしまい、その結果、意識はあっても、自分の体がどういう状態になっているのかを見失うようになります。簡単にいえば、どっちが上で、どっちが下なのかが、わからなくなってしまうということです。この状態では、どんなに泳ぎが得意な人でも溺れてしまうでしょう。

もしも、泳いでいて鼻から水が入ったときは、まず水からあがって、平衡感覚が保たれているかどうかを確かめてください。

QA イメージトレーニングの効果はある?

2012年はロンドンオリンピックで日本中が盛り上がりました。2004年のアテネ大会で獲得した37個を上回る、史上最多の38個のメダルを獲得。銀座ではメダリストたちのパレードもおこなわれました。

ところで、アスリートたちは、ふだん、体のトレーニングだけではなく、イメージトレーニングもしています。

では、一般の人もイメージトレーニングをすれば、記録を伸ばしたり、本番で実力以上の結果を出せるのでしょうか。

イメージトレーニングの効果を研究した人によると、アスリートは、実際に体のトレーニングをしながら、同時並行でイメージトレーニングをすると効果があるという結果が出たそうです。しかし、イメージトレーニングだけの場合は、それほどの効果が上がらなかったといいます。

また、体のトレーニングをしたことのない人が、イメージトレーニングだけをしたところで、具体的な動きをイメージできないので、効果はほとんどないそうです。

きちんとした体のトレーニングとイメージトレーニングという両方があってこそ、効果が現れるというわけです。

温かい湿布薬と冷たい湿布薬の違いは何？

湿布薬には、冷やすタイプとあたためるタイプがありますが、どう使い分けたらいいのでしょうか。

まず、患部が赤くはれあがったり、熱をもっているような場合は、冷たい湿布を使います。また、打撲やねんざが起きたばかりのときも冷たい湿布が効果的です。

筋肉がこわばっているときや、動かすと痛いような場合は、温かい湿布が効果的です。あたためることで筋肉をほぐし、血液の流れをよくしてくれるからです。

QA 熱が出たときに、たくさん汗をかくと治る?

「風邪をひいて熱を出したときは、毛布をかけて布団をかぶって、たくさん汗をかければ熱が下がる」と考えている人がいるようです。でも現代の医学常識からすると、それは間違いと考えたほうがよさそうです。

たしかに、熱が出始めたときに寒気を覚えたら体をあたためる必要があります。しかし、熱が上がってしまったら、体をあたためることよりも体の熱をとることを考えるべきだからです。

そこで、毛布や布団をかけるのではなく、タオルケットをかけているくらいでちょうどいいということになります。

とくに子どもの場合は、高熱によって体にさまざまな異変が生まれることもありますから、発熱に対しては、油断しないことです。

風邪をひいたときにネギを首に巻くと治る?

民間療法と呼ばれるものがあります。「風邪をひいたときに焼いたネギを首に巻くと治る」というものや「ヤケドをしたときには味噌《みそ》をぬるといい」といったものです。しかし、どちらも、いわば昔からの言い伝えで、効果はありません。

たしかに、ネギにはアリシンという成分がふくまれていて、血行を促進する効果があります。また、ビタミンB_1の吸収を高めて疲労回復にも効果があります。ただし、どちらもネギを食べて消化、吸収されることによって体に効果をもたらします。皮膚から吸収されるものではありません。

また、ヤケドをしたときに味噌をぬるというのも、じつは逆効果です。ヤケドをしたときは、まず患部を流水などで冷やすこと。患部の熱をとることがいちばん必要で、味噌などをぬってしまったら、患部の熱を閉じ込めてしまうようになります。

咳のスピードは時速160キロ？

風邪をひいて咳《せ》き込んでしまうときは、思わず口に手をあてますね。その手に咳《せき》があたっても、それほどの速さや強さは感じませんが、じつは時速160キロという猛スピードで、咳は出ています。秒速にすると、およそ45メートル以上という、台風並みの風速です。しかも1回の咳で、およそ10万個のウイルスが飛んでいくといわれています。

風邪といえば、咳とともにクシャミが出ることも多いでしょう。驚くことに、クシャミのスピードは咳以上で、時速290キロにもなるといわれているのです。これは新幹線並みのスピードで、秒速にすれば約80メートルにもなります。そして、1回のクシャミで100万個のウイルスが飛んでいくのです。

咳にしても、クシャミにしても、ものすごい威力があるということですね。

QA 太りやすいかどうかは4歳までに決まる?

太りやすい体質かどうかは、じつは4歳までに決まるといわれます。

太るというのは、基本的に脂肪細胞に脂肪が蓄積される状態です。人間の体には、およそ200億個の脂肪細胞があるといわれていますが、この脂肪細胞の数が決まるのは、生まれてから4歳あるいは5歳までの間なのです。

つまり、4歳、5歳のころに太っていたとすれば、それだけ多くの脂肪細胞ができているということ。脂肪の貯蔵庫をたくさんもっているということになるわけですね。

では、4歳、5歳の頃にやせていれば、大人になって太らないかといえば、そういうわけでもありません。ひとつひとつの脂肪細胞に蓄える脂肪の量が多くなれば、当然、太ります。

QA

早食いすると太るってホント?

忙しいビジネスマンは、のんびりとランチをしている時間などない人が多く、あっという間に食事をすませることが習慣になっているようです。しかし、医学的にみれば、早食いは太りやすい原因といえます。

食事をして、消化、吸収が進むと、血糖値が上がってきます。血糖値が上がると、脳の食欲を調整する満腹中枢が、「食べるのは、もう、そのくらいでいいよ」という指令を出します。

ところが、食事を始めてから血糖値が上がるまでには30分くらいの時間がかかります。つまり、早食いの人は、「もう、いいよ」という指令が出たときには、すでに食べ過ぎてしまっていることが多いわけです。

しかも、早食いの人は、よく噛《か》まないという傾向もあります。これでは胃腸に負担がかかり、病気の原因にもなります。

忙しくても、ある程度の時間をかけて、そして、よく噛んで食事をすることは健康の基本です。

QA 汗をかくとやせるのか？

湯船にゆっくりつかって汗が出ると、なんだかやせたような気になりますね。でも、それは勘違いです。たしかに、お風呂《ふろ》に入る前後に体重計にのれば、お風呂あがりのほうが体重は減っているかもしれません。ただ、それは水分が抜けただけのこと。やせるということと、水分が抜けるということは大違いなのです。

本当に汗をかいてやせるためには運動が必要です。

運動によって、体内に蓄積された脂肪を燃焼させるとともに、汗を出すこと自体もカロリーを消費しますから、体重が減ることになるわけです。

サウナ風呂も同じで、たしかに、ドッと汗をかくとサッパリとはしますが、体の水分が抜けただけで、やせたことにはなりません。まして、サウナを出て、ビールやコーラなどを飲んでしまえば、かえって太ることになってしまいます。

お風呂はどうして気持ちがいいの？

夏はシャワーだけですますという人も、涼しくなってくるとゆっくり湯船につかり、「フーッ」と息を吐きながら、「やっぱり日本人は、風呂だな～」なんて言うのではないでしょうか。

湯船につかると気持ちがいいのは、まず体が負担から解放されるためです。湯船につかると、お湯の浮力によって、体重は空気中の9分の1程度になります。それだけ関節や筋肉にかかる負担が軽くなるわけです。

また、温かいお湯につかることによって、血管が拡がり血液の流れがよくなります。新陳代謝も高まり、細胞が活性化されます。

こうした体の変化が精神を安定させるために、お風呂は気持ちよくなるというわけです。

なぜ温泉に入ると気持ちがいい？

お風呂に入るだけでも気持ちがいいものですが、温泉になると、さらにいい気分を味わえます。

まず温泉に行くという計画で心がウキウキしますから、知らず知らずのうちに気分が盛り上がります。

そして、温泉につかれば、さまざまな効能があります。もちろん、温泉の成分にもよりますが、一般的には、腰痛や肩凝りを解消したり、ホルモンの分泌をさかんにしたり、神経痛やリウマチ、あるいは糖尿病などに効果があります。

たとえば、炭酸泉や硫化水素泉は血圧を下げる効果があるといわれますし、アルカリ性の強い温泉は胃腸病に効果があります。肝臓の病気には、硫酸塩をふくんだ温泉がよいとされ、貧血には鉄分をふくんだ温泉が効果的とされています。

さらに温泉といえば、美味《おい》しいごちそうがつきものです。ストレス解消にぴったりの楽しみといえそうです。

どうして熱いサウナ風呂でヤケドしない？

お湯につかるのではなく、熱い空気の部屋に入って汗を流すのがサウナ風呂です。日本の家にお風呂があるように、フィンランド生まれで、その歴史は1000年以上です。

サウナ風呂はフィンランドでは家庭にサウナ風呂があるそうです。

サウナ風呂の室温は約90℃にもなりますが、そんなに熱いところにいて、どうしてヤケドをしないのでしょうか。

その答えは、サウナ風呂の湿度にあります。

サウナ風呂は、湿度がほとんどない空間です。熱いサウナ風呂に入ると人間の体からは汗が出ます。ところが、サウナ風呂はカラカラに乾燥した状態ですから、汗が気化していきます。その気化熱が体から熱を奪うため、ヤケドをすることはないというわけです。

ただし、金属類を身につけていると、それが熱くなるので要注意です。

第3章

地球・宇宙の神秘

氷山と流氷の違いは？

豪華客船タイタニック号が航海中に氷山に衝突して沈没、多くの犠牲者を出した悲惨な事故のことは広く知られています。１９１２年のことですから、１００年前の話です。

さて、タイタニック号に悲劇をもたらした氷山とよく似ているのが流氷です。しかし、この２つには大きな違いがあります。

氷山は、もともと大陸や島に降った雪や雨、そして水が凍ったものです。それが押し出されるかたちで海にまでたどりついたものです。つまり、その成分に海水の塩分は、ほとんどふくまれていません。

一方の流氷は、海水が凍ったものですから、海水の塩分がふくまれています。もっとも、地球温暖化の影響もあって、なかには氷山が割れて流氷となるものもありますが、塩分を含んでいないことに変わりはありません。

日本では、北海道のオホーツク海の流氷が有名です。例年、１月中旬から下旬頃には、沿岸から流氷が確認でき、そのシーズンの最初の日を「流氷初日」と呼びます。その後、1月下旬から2月上旬頃にかけて接岸しますが、接岸した初日は「流氷接岸初日」と呼ばれています。

流氷を見るために、この時期にオホーツク海へ行く観光客がたくさんいます。JR北海道の釧網《せんもう》本線では、流氷を眺める列車として、釧網本線の網走《あばしり》～知床斜里《しれとこしゃり》間に「流氷ノロッコ号」というトロッコ列車を運行しています。

黄砂はどうして空から降ってくるのか?

春先の日本で、霧でも靄《もや》でもなく、霞《かすみ》がかかったような状態になることがあります。これは、黄砂と呼ばれる現象で、タクラマカン砂漠やゴビ砂漠あたりから飛んでくる細かい砂の粒によるものです。九州や西日本、日本海側で多く見られますが、関東地方でも観測されることがあります。

黄砂が発生するのは乾燥した砂漠地帯で、とくに雨が少なく風が強い時期に、砂が風によって巻き上げられて起こります。

アジア大陸の乾燥地帯で発生した黄砂は、偏西風に乗って東方に運ばれてきます。モンゴル、中国、韓国あたりにも大量の黄砂が降り注ぎ、北京《ペキン》では、1カ月間に1平方キロあたり15トンもの黄砂が降ると推定されています。

もともとの黄砂の主成分は石英、長石、雲母《うんも》などですが、大気中を移動しながら、さまざまな物質が付きます。有害な化学物質をともなうこともあり、越境汚染といわれることもあります。

外に干した洗濯物が汚れたり、窓が汚れたりする程度であればいいのですが、心配なのは健康面です。中国や韓国では、咳《せき》や鼻水など呼吸器官への影響が出ているとか、目や耳のかゆみなどの被害が出ているといわれています。

日本にまで到達して降下する黄砂は、年間に1平方キロあたり1〜5トンで、また粒子も細かいため、健康被害は心配ないといわれています。それでも黄砂対策として、マスクをしたり、手洗いやうがいをしたりすることは自衛策として必要かもしれません。

津波はどうして起こるのだろう？

２０１１年３月11日に起きた東日本大震災では、地震の被害も多大でしたが、津波による被害が甚大なものとなり、多くの犠牲者が出ました。

津波は、海底を震源とする地震で起こります。地震が起きて海底に変化が起こると、そこを発生源にして海水が動き出します。それが海岸に押し寄せてくるのが津波です。

津波は時速１００キロ以上になることもありますから、海辺で地震を感じたら、とにかく高い場所に避難することが大切です。

液状化現象って何？

地震も怖い災害ですが、そのあとに来る津波、そして地震後に起こる液状化現象も危険な存在です。

東日本大震災が起きたあと、関東地方では、1都6県、96の市町村で液状化被害が確認されました。これは、世界最大の被害といわれています。

液状化現象というのは、地下の水位の高い砂地盤の砂などが、地震の震動によって地下水と混ざり、液体のように流動する現象です。

大きくて重い構造物が埋もれたり、傾いたり、倒れたり、あるいは、地中の下水管などが浮き上がったりします。ニュースで、道路が陥没した光景や電柱が傾いた映像を見た人も多いでしょう。

2004年10月の新潟県中越地震や、1995年の阪神《はんしん》・淡路《あわじ》大震災でも、やはり液状化現象が起きました。

研究によると、砂丘地帯や三角州、あるいは港湾地域の埋め立て地などで起きやすいほか、旧河川の跡地や水田の跡地なども発生しやすい地質とわかってきました。すでに建物があり、人が住んでいるところも多いのですが、何らかの対策が急がれるところです。

QA 満潮と干潮で15メートルも差がある海とは？

カナダの南東の端にあるファンディ湾は、干潮と満潮の潮位の差が大きいので知られています。その差はなんと15メートルで、世界一ともいわれています。

その潮位の差を利用して、ファンディ湾では潮力発電が計画されています。湾の中の入り江に堰《せき》をつくり、そこを通る海水の力を利用して発電しようというのです。すでにアナポリス・ロイヤル発電所という発電所が稼働していますが、環境問題などもあって、これ以上の計画は進んでいません。

QA 雹は時速120キロで落ちてくる？

雹《ひょう》は、積乱雲から降ってくる氷の粒です。雹と霰《あられ》の違いは大きさで、直径5ミリ以上のものを雹と呼び、5ミリ未満のものが霰と呼ばれています。

雹が降るときは、たいていカミナリがあります。上空でできた雹は落下して溶け、上昇して凍結するという動きを繰り返します。それによって、氷の粒が大きくなっていくのです。

だんだん重さを増した雹は、地上に落ちてきます。直径が5センチもある雹が落下してくることがありますが、恐ろしいのは落下スピードで、時速120キロになることもあります。

クルマのボンネットをへこませたり、ガラスを割ったり、農作物に被害を及ぼしたりすることも少なくありません。

記録によれば、1917年に埼玉県熊谷《くまがや》市では、直径およそ30センチ、重さ約3・4キロの雹が降ったとされています。

沖縄でも雪は降る?

沖縄といえば常夏の島というイメージをもつ人も多いでしょう。たしかに気候区分でいえば、沖縄は亜熱帯気候に属しています。実際に沖縄に行くと、その陽射しの強さに圧倒されます。

その沖縄で雪が降った記録があります。といっても、琉球《りゅうきゅう》王国の歴史が書かれた古文書に残されているものです。

それによれば、18世紀の後半から19世紀の半ばにかけて数回、雪が降ったとされていて、最後に雪が降ったという記録は1857年です。未確認ですが、2000年にも雪らしきものが降ったそうです。

どこまでくると台風が「上陸」したことになるか？

台風が近づいてくると、雨風が強くて歩きにくくなるだけでなく、交通機関に乱れが出たり停電が起きたり、さまざまな影響が出ます。台風が上陸するとなると、その被害はさらに大きくなる危険性が高まります。

ところで、台風は、どこまでくると「上陸」と呼ばれるのでしょうか。

気象庁によれば、台風の中心が北海道、本州、四国、九州の海岸線に達したときです。台風の中心は、もっとも気圧が低くなっているところです。

台風がちょっとかすった程度では上陸とはいいません。しかも、北海道、本州、四国、九州と限定されていますから、沖縄には台風が上陸はしないわけです。

でも、本州や北海道よりも沖縄のほうが台風のくる頻度が高いことは知られているとおりです。では、島や半島を横切って行くのを何と呼ぶかといえば、「台風の通過」です。

水が岩を破壊するってホント?

「雨垂れ石を穿《うが》つ」という言葉があります。ポタポタと落ちる雨水のしずくが長い年月を経るうちに、石にくぼみをつくるという、ずいぶん気の長い話です。でも、たしかにそういうことはあります。

山登りをしたり、釣りやハイキングで渓流を歩いていたりすると、大きな岩が真っ2つに割れていることがあります。もちろん、地震などの衝撃で岩が動き、そのために岩が割れることもありますが、じつは水の力によって岩が割れることもあるのです。

天然の岩には隙間があります。雨が降ると、その隙間から水が入り込みます。乾燥している時期や夏の暑い時期には水が蒸発してしまいますが、冬に降った雨は、岩の中にしみこんだままになり、厳しい寒さを迎えると、その水が凍ります。

水が氷になると体積が増えます。冷凍庫で氷をつくろうとして製氷皿に水を平らに入れておいたのに、氷になったら盛り上がっていることからもわかるでしょう。

その氷の力は絶大で、岩をも割ってしまうという現象が起きるのです。

川の水が流れ込んでいても海水の塩分は低くならない?

海水がしょっぱいことは誰でも知っています。そして、川の水がしょっぱくないことも、みんな知っています。

川の水の多くは海に流れ込んでいます。つまり塩水を真水で薄めていることになります。たとえばコップの塩水に真水を注げば塩水は薄くなります。でも、世界中で川の水が海に流れ込んでいますが、海水の塩分濃度が下がったという話は聞きません。

どうして海水の塩分は、ほぼ一定なのでしょうか。

その答えは、水の循環にあります。地球の表面積の70パーセントは海です。海水面からは、つねに水が蒸発しています。太陽光が当たっていればなおさらです。

よく、沸騰しているヤカンからのぼる湯気を見て、「あ、水蒸気だ。水が蒸発している」という人がいますが、水は100℃にならなくても蒸発します。お風呂《ふろ》も湯気が立ちますが、お湯の温度は40℃程度ですし、コップに水をくんでおけば、いつのまにか減っています。つまり蒸発しているわけです。

海水が蒸発すれば塩分の濃度は上がります。でも、海に川の水が流れ込んでいれば、それだけ薄まります。

海水の塩分濃度が一定なのは、蒸発する水分と川から流れ込む水とでバランスがとれているからなのです。

QA 海洋深層水ってどこでとれるの？

熱中症対策として、ペットボトルの水を持ち歩く人が増えています。飲料水のメーカーでは、おしゃれなデザインのボトルを販売したり、ビタミン入りとかミネラル豊富といった種類をふやし、バラエティ豊かなラインナップになっています。

なかには海洋深層水もあります。水深２００メートル以深の海から汲《く》みあげられた海水です。光の届かない深海で、生物もいなくて、細菌も繁殖できないことから清浄で、しかも多量のミネラルをふくんだ海水といわれています。

ただし、海水ですから当然、塩分をふくんでいます。飲料用にするために、もちろん塩分は抜かれています。海洋深層水は、飲料用以外にも、健康食品や化粧品に使われるようにもなっています。

あと30年でなくなるといわれた石油がどうして今もある?

１９７０年代には「あと30年で地球の原油は消える」といわれていました。ほぼ同じころに起きた第四次中東戦争の影響で、原油の供給が止まり、価格は高騰し、世界経済が混乱しました。日本では、「トイレットペーパーがなくなる」などという噂が流れ、各地でパニックが起きたのです。

さて、原油がなくなるといわれてから40年以上もたちますが、いまだに原油は採掘されています。当時の話は間違いだったのでしょうか。

じつは、その後の科学の発展によって、油田を探査する技術が向上し、新しい油田が発見されるなどして、いまでも原油が採掘されているのです。

一級河川と二級河川は何が違う？

川の土手を散歩しているときに、たとえば「荒川　一級河川」のような表示板を見ることがあります。

たしかに、大きな川に一級河川と表示されていれば、なるほどと思いますが、小さな川でも、一級河川と表示されている例も少なくありません。それは、一級河川というのは川の大きさで決まるものではないからです。

一級河川とは、おもに国土交通大臣が指定管理する一級水系にかかわる河川をいいます。水系というのは、水源から河口までの本流と支流の集まりのことです。

上下水道や発電などの河川の利用法を考えたとき、複数の都道府県にまたがる川の管理は国でしたほうが効率的です。また、万が一、川が氾濫《はんらん》したときも、総合的な判断が必要になることから、国が管理しているわけです。一級河川は、全国に1万40

00ほどあります。

一方の二級河川というのは。都道府県知事が指定する河川で、全国に7000ほどあります。二級河川のほうが少ないということは、日本の川は、複数の都道府県にまたがって流れる川が多いということです。

信濃川は信濃の国にはない?

367キロという日本一の長さをもつ信濃《しなの》川。その源流は、埼玉県、山梨県、長野県の県境に位置する甲武信《こぶし》ヶ《が》岳《たけ》の長野県側斜面となっています。

しかし、その時点では信濃川という名称ではなく千曲《ちくま》川です。長野県を流れている間は千曲川と呼ばれ、新潟県に入ると信濃川と呼び方が変わるのです。

じつは、千曲川と呼ばれる部分は214キロで、信濃川と呼ばれる部分は153キロと、千曲川と呼ばれるほうが長いのですが、河川法の上では信濃川ということになっています。信濃川の流域面積は1万1900平方キロで、堂々の第3位です。

ちなみに、信濃川に次いで長い川が、群馬県、埼玉県、茨城県、千葉県を流れる利《と》根《ね》川で322キロ。利根川の流域面積は1万6840平方キロで、日本一です。
日本で3番目に長い川は北海道の石狩《いしかり》川で、268キロという長さです。流域面積は1万4330平方キロで第2位。つまり、川の長さと流域面積を見た場合、信濃川、利根川、石狩川の三つ巴《どもえ》ということになります。

北陸地方にはどうして、あんなに雪が降るのか

「北国」とか「雪国」というと、北海道をイメージするかもしれません。北海道はたしかに北国ですが、雪国、とりわけ豪雪地帯といえば、やはり北陸地方でしょう。なぜ、北海道よりも南に位置する北陸地方が豪雪地帯になるのでしょうか。それは気候と地形に理由があります。

冬になると、大陸からシベリア寒気団が南下してきます。シベリア寒気団が日本海を通過するとき、多くの水分を吸収し、雲をつくります。日本の国土は、まるで背骨のように列島を縦断する山地・山脈が通っています。その山々にぶつかった雲が北陸地方に大量の雪を降らせるのです。

QA 春分の日と秋分の日は、ほんとに昼と夜の長さが同じ？

春分の日、秋分の日といえば、昼と夜の長さが同じといわれていますが、本当でしょうか。

たしかに、夏至を境に日が短くなり、冬至を境に日が長くなります。春分の日、秋分の日は、それぞれ中間にあたるので、昼と夜の長さが同じになりそうです。

また、ほかの祝日と違って、年によってずれることがありますから、やはり昼と夜の時間が半々になる日を選んでいるような気もします。

しかし、実際に時間を計ってみると、昼のほうが14分ほど長くなっているのです。

これには、いくつかの理由があります。

まず、大気によって太陽が屈折するために、日の出は早くなり、日の入りが遅くなります。次に、日の出も日の入りも、太陽のいちばん上の部分が地平線と一致したときとされているので、太陽の半径の分だけ時間がずれます。

こうしたいくつかの要素が重なりあって、14分ほど昼のほうが長くなるというわけです。

ロケットは、どうしてあんなに大きい？

全長53メートル、外径4メートル、4基のエンジンを積んだ重さは443トン……これは、日本が誇るH－IIA型ロケットの大きさと重さです。これまでに21回打ち上げて20回の成功。成功率95・2パーセントという数字は、高く評されています。

ロケットは長細い形をしていますが、たとえば、人工衛星を打ち上げるロケットの場合、地上からみて、第1段、第2段、内部に衛星を格納した衛星フェアリングの3つの部分からできています。

第1段の長さはおよそ37メートル、質量は114トンほどあります。第2段は長さ約9メートル、質量はおよそ20トンで、ここまでがロケットエンジンです。

いちばん上にあるのが衛星フェアリングで、この中に人工衛星が入っています。長さは約12メートル、重さは約1・4トン。いってみれば、この衛星フェアリングを宇宙に届けるために、ロケットは打ち上げられるわけです。

ではなぜ、１・４トンの物を宇宙に届けるためのロケットが４４３トンにもなるかといえば、地球の引力を振り切らなければ宇宙空間に出られないからです。そして、そのためには大量の燃料を積む必要があり、あれほど巨大になるのです。つまり、ロケットの大部分を占めているのは燃料タンクだったということですね。

重いロケットをどうやって発射台まで運ぶ？

ＪＡＸＡのホームページでは、種子《たねが》島《しま》宇宙センターからロケットが発射される様子が配信されていますが、その映像を見ているだけでも大迫力です。でも、ロケットは発射台でつくられているわけではなく、発射台の近くでつくられています。

種子島宇宙センターの場合、実際にロケットの発射される場所から、およそ５００メートル離れたところに組立棟と呼ばれる場所があります。人工衛星を打ち上げるロケットは、第１段、第２段、衛星フェアリングの３つの部分が、それぞれ別々につくられますが、この組立棟でひとつのロケットとして組み立てられ、巨大なロケットの姿になります。

もっとも、この段階ではロケットが完成したわけではなく、大型ロケット移動発射台の上にのせられたロケットでは、まだまだ残された作業が進められています。高い場所での作業にはクレーンが使われています。

いよいよ完成したロケットは、大型ロケット移動発射台にのせられたまま、組立棟から発射台まで、およそ30分かけて移動し、ついに発射となるというわけです。

宇宙ゴミって何？

宇宙ゴミという言葉を最近、耳にすることが多くなりました。

どうして宇宙にゴミが？　と思う人もいるかもしれません。でも、人類が宇宙開発を始め、ロケットを打ち上げたときから発生した問題です。

ロケットを打ち上げるとき、たいていの場合、第1段ロケットは切り離されて地球に落ちてきます。もちろん、安全を考えて、人のいない海域や陸地に落ちてくるように計画されています。ところが、第2段、第3段のロケットは、宇宙空間に飛び出して宇宙ゴミとなってしまうのです。

たとえば、人工衛星が地球のまわりを回りつづけられるのは、遠心力と地球の引力のバランスがとれている軌道をまわっているから。つまり、その軌道を回りつづけている間は燃料がいりません。しかし、燃料がいらないということは半永久的に回りつづけるということです。

さきほどのロケットの第2段や第3段にしても、用途を終えたとしても、地球を回りつづける軌道に入ると、半永久的に地球を回りつづけて、宇宙ゴミと呼ばれる存在になってしまうわけです。

それがわずかな量であれば、たいした問題にはなりません。ところが、ロケットや人工衛星がいくつも打ち上げられれば、それだけ宇宙ゴミが増えていきますし、使命を終えた人工衛星どうしが宇宙空間で衝突して、その破片がまた宇宙ゴミになる例も出てきました。

回っているうちに高度が下がってきて、大気圏に再突入する場合もあります。２０１１年には、実際に人工衛星が地球に落ちてくるということもありました。

いま、地球のまわりには、３０００個以上の人工衛星が回っているといわれています。たしかに宇宙空間は広いものですが、役に立つ人工衛星をとばすスペースを確保するためにも、宇宙ゴミの問題は解決しなければならないでしょう。

第4章 食べ物・飲み物のヒミツ

チョコレートの表面の白い粉は何？

買っておいたのを忘れていたチョコレートが出てきて、開けたら表面に白い粉が浮き出ていた、という経験はありませんか。食べられるかどうか心配……という人もいるかもしれませんが、結論からいえば、賞味期限内だったら食べても大丈夫です。

チョコレートの白い粉の正体は、チョコレートの成分のカカオバターです。チョコレートが溶けて表面ににじみ出てきたカカオバターが、もう一度固まって白い粉になってしまったのです。

納豆の混ぜ方にはコツがある？

納豆はかき混ぜれば、かき混ぜるほど、美味《おい》しくなるのを知っていますか。

美味しさの秘密は、原料の大豆が発酵してできたアミノ酸やペプチドという成分にあります。かき混ぜて成分の組織が破壊されると、美味しさを増すのです。

農林水産省の食品総合研究所で調べたところ、美味しさの成分が、かき混ぜ１００回で1・5倍に、３００回では、2・5倍にもなるそうです。

たしかに、よくかき混ぜると、ねばねばした糸が増えてきますが、あの糸の部分に美味しさの秘密があったわけですね。

納豆には、タレ、しょうゆ、ネギ、おかか、卵など、いろいろなものを混ぜて食べますが、糸を引かせたいときは、具を入れる前に、ひたすら混ぜてください。タレやしょうゆを入れてからだと、糸が引きにくくなります。

どうして発酵食品の納豆に賞味期限があるのだろう?

「納豆が体にいい」とメディアで紹介された翌日から、スーパーなどの店頭から納豆が一気に消えたことがありました。日本人というのは、ずいぶん影響を受けやすい国民のようです。

それはさておき、納豆は発酵食品で、いわば腐った状態で食べるものです。それなのに賞味期限が記されています。どうしてでしょうか。

じつは、納豆は出荷されたあとも生きています。つまり流通段階でも、店頭に並べられているときでも、発酵が続いているのです。

もちろん賞味期限内なら問題ありませんが、発酵が進みすぎるとニオイが強くなったり、白い結晶が浮き出たりします。この白い結晶はアミノ酸のひとつで、納豆の風味を失わせるものです。

美味《おい》しく食べたいのであれば、賞味期限内に食べることをおすすめします。

ちなみに、納豆は、そのままご飯にのせて食べてもいいのですが、ネギや海苔《のり》を加えたり、卵を入れても楽しいもの。おかか、しらす、ゴマ、大根おろしなど、さまざまな食材と組み合わせることができます。

また、からしが付いていることが多いのですが、七味唐辛子でも美味しく食べられます。

納豆は冷凍保存ができる？

納豆は出荷後も発酵が進んでいます。発酵すると、アンモニアが発生して、食べられなくなる可能性があります。では、納豆を冷凍したら、どうなるのでしょうか。そもそも冷凍しても大丈夫なのでしょうか。

納豆菌は冷凍しても生きていますから、冷凍は可能です。ただし、解凍するときには注意が必要になります。

冷凍庫から冷蔵庫に移して、時間をかけて解凍する必要があります。その理由は、温度が高いと再び発酵してしまうから。

もっとも、納豆は日持ちするので、あえて冷凍することもないと思いますが……。

QA なぜ大根は「おろす」とからくなるのか？

野菜スティックの大根は、みずみずしくて、シャキシャキしていて、さっぱりとした風味を楽しめます。でも、大根おろしといえば、子どもにとっては、からい食べ物の代表かもしれません。

なぜからいのかといえば、おろすからです。その謎解きは、次のとおりです。

大根おろしのからさの正体は、芥子油《からしゆ》と呼ばれるアリルイソチオシアネートという物質です。ところがこの物質は、じつは大根そのものにはふくまれていません。おろすことによって大根の細胞が破壊されて生まれる物質なのです。

大根には、からさのもとになるグルコシノレートという物質が含まれています。グルコシノレートは、大根の葉のほうよりも、根の先端に近い部分に多いので、大根おろしは先端のほうがからくなります。

大根には消化酵素がいっぱいふくまれていますが、熱に弱いため、加熱すると効果が存分に発揮されません。大根おろしは加熱しませんから、そうした消化酵素が大活躍してくれます。

「大根おろしに医者いらず」という言葉もあります。子どもにとっては、けっこうからい大根おろしですが、葉っぱに近いほうをおろせば、それほどからくなく食べられるでしょう。

キャベツは重いもの、レタスは軽いものがいい？

キャベツや白菜は重たいものを、レタスは軽いものを選ぶといいといわれています。重たいキャベツや白菜を選ぶ理由は、中身がしっかりつまっているからというのは誰にでもわかります。では、なぜレタスは軽いものを選んだほうがいいのでしょうか。じつは、重たいレタスは、育ち過ぎの可能性が高いからです。レタスはシャキシャキ感と鮮度が命です。つまり、中身がスカスカのほうが味も栄養もすぐれているのです。

レタスはどうして、カシャカシャしたフィルムに包まれている?

青果店やスーパーの棚で、キャベツや白菜などは、ほとんどそのままの姿で売られていますが、同じ葉っぱの野菜でも、レタスはカシャカシャしたセロファンのようなもので包装されて並べられています。どうしてレタスだけが、特別な扱いをされているのでしょうか。

レタスには、水分がつくと腐りやすいという弱点があります。そのためポリスチレンフィルムで包んでいるのです。ほかの野菜で使われることのあるポリプロピレンフイルムよりも、酸素の透過度は2倍、水分の透過度は30倍もあるそうです。つまり、レタスには特別なフィルムが用意されていたというわけですね。

ただし、そのぶんだけ包装にコストがかかります。レタスは高級包装野菜といえるかもしれません。

どうしてモヤシを水につけてはいけないのか？

モヤシは値段が安いうえに、炒《いた》めてもよし、ゆでてもよし、おひたしにしてもよしで、使いやすい野菜です。

しかも、その栄養バランスがすばらしいのです。

モヤシ１００グラムあたりのタンパク質は2グラム、カルシウムは15ミリグラム、リンが28ミリグラム、鉄は0・4ミリグラム、カリウムは71ミリグラム、ビタミンB_1は0・04ミリグラム、ビタミンB_2は0・06ミリグラム、ビタミンCは11ミリグラム、食物繊維は1・4グラムと、モヤシだけで、これだけの種類と量の栄養がとれて、しかも低カロリーなので、まさにいいことずくめです。

でも、ひとつ気をつけたいのが、モヤシを水につけておいてはいけないということ。ビタミンCは水に溶けやすい性質がありますから、せっかくのモヤシの豊富なビタミンCが、水に溶け出してしまうからです。

お米をお湯で研ぐと美味しく炊けない?

お米を研ぐときに、お湯を使って研ぐ人はいないでしょう。お米は精米されたあとも生きているので、すぐに水を吸う性質があります。

水よりもお湯のほうが水分を吸収しやすいので、お米を研いだときにお湯に混ざった糠《ぬか》も吸収されやすくなります。すると、ご飯から糠のニオイがする原因になってしまうのです。冬の寒い日にお米を研ぐのはたいへんですが、必ず水で研ぐようにしてください。

それから、無洗米のときは、さっとお米を洗うだけで十分ですが、ふつうのお米を炊くときは、きちんと研いだほうが美味《おい》しく炊けます。

無洗米でないお米の場合、どうしても米糠が残っています。それをきちんと研いで落とさないと、炊きあがったときに、糠の臭みが残ってしまうのです。

3合のごはんを炊く場合、30回研いで、白濁した水を流して、それを最低3回は繰り返す、5合の場合は、50回研いで、白濁した水を流して、それを最低5回は繰り返す、といった方法で研ぐと美味しいごはんが炊きあがるそうです。

しかも、お米は水につけたところから、どんどん水を吸い始めますから、手早く研ぐことが大切。お米研ぎも、なかなか奥が深いものですね。

お寿司屋さんのシャリには、わざわざ古米が混ぜられている?

お寿司屋さんといえば、新鮮なネタが勝負です。当然、お米も一級品を使っていると考えている人が多いでしょう。しかし、意外に思われるかもしれませんが、お寿司屋さんでは、わざわざ古米を新米に混ぜて使っているところが少なくありません。

なぜ古米を使うかといえば、新米は水分が多いために、炊きあがったごはんがべたつくからです。古米を混ぜることで、すし飯にキレが出てくるのだそうです。

その日の天候や気温、あるいは湿度によって新米と古米とのブレンドのしかたを変えている店もあるそうです。

黒コショウと白コショウの違いは？

肉料理に使われたり、ポテトサラダの味をシャープにしてくれたりするのが黒コショウ。それに対して、魚料理やラーメンには欠かせない白コショウ……。もっとも、人によって好みはさまざまですから、そうとばかりはいえないかもしれませんが、いずれにしても香辛料の代表選手がコショウです。

コショウは、コショウ科コショウ属の植物で漢字では「胡椒《こしょう》」と書きます。

黒コショウと白コショウとでは風味が異なりますから、違う植物からとれるものと思われがちですが、じつは同じ胡椒の木からとれます。では何が違うかといえば、実をとるタイミングです。

黒コショウの場合は、胡椒の木から熟す前の実をとって、皮のついたまま乾燥させます。乾燥させているあいだに、皮の色が緑色から黒に変わっていき、強い独特の風味が生まれます。

一方の白コショウは、実が完全に熟して赤い色になってから収穫します。実を乾燥させてから水に浸《つ》け、外側の皮を柔らかくして剥《む》いたものです。こうして、あっさりした色と香りが楽しめる香辛料になるのです。

バターとマーガリンは何が違う?

バターとマーガリンは、似ているようで違うものの代表といえるかもしれません。では、その違いをみてみましょう。

バターの主原料は牛乳から取り出した脂肪です。加熱すると、いい香りが漂うのは、この原料に由来します。カロリーが高くて消化吸収にもすぐれていますが、コレステロールが多いのも特徴のひとつです。バターの成分は、乳脂肪率80パーセント以上、水分17パーセント以下と定められています。

バターのルーツは食べ物ではなく、薬品だったという説もあります。

一方のマーガリンは、大豆やトウモロコシ、ヤシなどの植物の油を原料にしています。動物の油脂や発酵乳、乳化剤、食塩、香料などが加えられてつくられることもあります。マーガリンはバターにくらべて風味は落ちますが、コレステロールが少ないのです。

マーガリンは、19世紀のフランスでバターが不足したので、その代用品としてつくられたといわれています。

ゆで卵の黄身のまわりが緑色になるのはどうして?

上手にゆで卵をつくると、黄身はあざやかな黄色になり、とても美味しそうに見えます。でも、ときどき黄身のまわりが緑色になったり、黒ずんでしまうことはありませんか。

これは「緑変」というもので、もちろん食べても毒ではありません。緑色に見えるのは硫化第一鉄です。

卵の白身にはアミノ酸が多くふくまれています。そのなかのシスチンという物質は加熱すると、硫化水素を発生する性質があります。その硫化水素が黄身のもつ鉄分と反応して起こるものです。

緑変が起こる原因は、高温で、長時間、加熱すること。つまり、ゆですぎた卵で起こりやすいということです。きれいな黄身のゆで卵をつくりたいときは、ゆですぎなければいいというだけのことです。

Q A マヨネーズは卵を使っているのに、常温でも大丈夫?

卵はいたみやすい食品として知られています。ところが、卵を使っているのにスーパーやコンビニで売られているマヨネーズは、冷蔵の棚ではなく常温の棚に並べられています。マヨネーズがいたんでしまわないのでしょうか。

結論からいえば、「もちろん心配ありません」です。

たしかに、マヨネーズには卵が使われていますが、酢や食塩などの殺菌力の強い材料も使われていますし、いたまないサラダオイルも使われています。その結果、常温でもいたまないというわけです。

ただし、時間がたてば風味は落ちますから、賞味期限は守ったほうが無難です。もっともこれは開封前の話で、開封後は冷蔵庫で保存することをお忘れなく。

カニクリームコロッケは、どうして俵形なのか?

　コロッケといえば、野菜コロッケや、カレーコロッケなど小判形が一般的です。ところが、カニクリームコロッケとなると、なぜか俵形をしています。買うときに間違わなくて便利ですが、本当の目的は何でしょうか。買う人や食べる人のためではなく、揚げたときの型くずれを防ぐためです。

　カニクリームコロッケには、ホワイトクリームが使われています。クリームが水分を多く含んでいるので、揚げると水蒸気が発生します。その水蒸気は逃げようとしますから、弱い部分が破れてしまいます。つまり、平たい小判形では、薄い部分に力がかかって破れやすいのです。

　でも俵形にすれば、中心からの距離が一定になりますから、型くずれを防げるというわけです。

一晩おいたカレーが美味しい理由とは?

つくったその日に食べるカレーよりも、翌日食べるカレーのほうが美味《おい》しいと感じます。それは、けっして気のせいではありません。ちゃんと科学的な説明がつく話なのです。

まず、一晩おくことで、具にカレーの風味がいっそう染み込みます。

また、それぞれ自分の個性を主張し合っているような香辛料も、一晩おくとなじんできます。

そして、一晩寝かせておいて、ふたたび加熱されると、肉から出るアミノ酸の旨味《うまみ》や、タマネギの甘みなどがソースに溶け出してよく混ざり合い、カレー全体のバランスがよくなるのです。

一晩おいたカレーが美味しいとなれば、前の晩からつくればいいと思いますが、家事に忙しいお母さんにすれば、それはちょっとたいへんかもしれません。

インスタントラーメンのスープは、なぜ火を止めてから入れるのか?

日本で50億食、世界中では８５０億食。これは1年間に消費されているインスタントラーメンの量です。つまり日本人１人につき、１週間に1度はインスタントラーメンを食べていることになりますね。

時間をかけず、手軽につくれて、しかも美味しいとなれば、それだけ人気があるのももっともでしょう。

ところで、インスタントラーメンをつくるときは、「スープは火を止めてから」が普通になっています。もちろん、それには理由があります。

まず、スープを入れる段階で、麺《めん》はすでに茹《ゆ》でられています。火をつけたままだと麺を茹ですぎてしまいます。

また、スープの命は味と香りです。お湯を沸騰させたままでは、せっかくの香りが飛んでしまいます。それを防ぐために、スープは火を止めてから入れるようになっているわけです。

QA 牛乳をあたためると、どうして吹きこぼれるのだろう?

鍋《なべ》でお湯をわかしたときには、たとえ沸騰しても吹きこぼれることはありません。でも、牛乳をあたためているとき、ちょっと油断をすると吹きこぼれてしまいます。牛乳も90パーセントは水分ですが、残りの10パーセントに吹きこぼれる原因があるのでしょうか。

その答えは、まさに水分以外の10パーセントにあります。

脂肪、タンパク質、乳糖、ミネラルといったものが、その10パーセントを構成するのですが、たとえば脂肪は水よりも軽くて表面に浮き上がり、タンパク質とともに膜をつくります。その膜が蒸発する水分をさえぎります。つまり密封された空間に水蒸気がたまり、それが膜をもちあげてしまうので吹きこぼれるというわけです。

電子レンジであたためたものは冷めやすい？

ほんの数分、あるいは、わずか数十秒で冷たかったものをあたためてくれるのが電子レンジです。でも、食品によっては、電子レンジであたためたものは冷めやすいようです。

たとえば、肉まんをあたためるときに、蒸し器であたためると、肉まんには熱とともに水分も加わります。

しかし、電子レンジの場合は、肉まんの水分を利用してあたためています。しかも、せっかく肉まんが持っていた水分が外に出てしまいます。

食べ物があたたかさを保つために必要なのは水分ですから、水分が補給されるのと、奪われるのでは大違い。そのため、電子レンジであたためた食べ物は、冷めやすいというわけです。

手間をかけても美味しいものが食べたいときは、電子レンジに頼らず、上手に利用することが賢い人といえそうです。

どうしてサラダ味のおせんべいは、しけにくいのか？

香りのいいしょうゆ味のほか、海苔《のり》巻きやザラメをまぶしたものなど、おせんべいやおかきには、いろいろな風味のものがあります。

そのなかのひとつに、サラダ味というのがありますが、その味は、ポテトサラダの味でもなければ、ツナサラダでもなく、グリーンサラダでもない、油でコーティングされた、やや塩気の強いものになっています。

では、サラダ味のサラダとは何かといえば、サラダオイルです。和風のおせんべいが全盛の1960年代に、亀田製菓《かめだせいか》が洋食ブームに合わせて洋風のおせんべいとしてつくったのが有名です。

サラダ味のおせんべいは風味でも人気を得ましたが、意外な一面もありました。それは、表面を油でコーティングしたので、しけにくくなったのです。

海苔巻きのおせんべいの海苔にも湿気を吸ってくれる効果がありますが、サラダオイルなら、もっとパワフルであることはいうまでもありません。

牛乳パックは紙なのに、どうして頑丈なのか?

紙は水に濡《ぬ》れると、あっという間にフニャフニャになってしまいます。でも、牛乳パックは紙でできているのに、けっこう頑丈です。その秘密はラミネート加工にあります。

ラミネート加工というのは、紙の表面にフィルムやポリエチレンを貼ることです。牛乳パックの場合は、内側にポリエチレンの薄い膜を貼ることで、紙パックを牛乳という液体から守っているのです。

かつては牛乳は瓶入りのものが主流でしたが、いまではほとんどが紙パック。これは、コストの面から有利だからです。

QA 缶入り飲料にアルミ缶とスチール缶がある理由は?

同じ缶入りの飲料といっても、缶コーヒーにはスチール缶が使われ、炭酸飲料にはアルミ缶が使われています。

飲料メーカーによって異なるというわけでもなく、どのメーカーも、ほとんど同じようになっています。スチール缶とアルミ缶は、どのように使い分けをされているのでしょうか。

まず、コーヒーや紅茶で使われるスチール缶は、温めても冷やしても変形しないようになっています。自動販売機で、夏のあいだは「Ｃｏｌｄ」と表示されていた缶コーヒーが、冬になると「Ｈｏｔ」の表示になります。スチール缶なら、どちらにでも対応できるというわけです。

一方、アルミ缶が使われている炭酸飲料は、あたためて販売されることはありません。そのため、流通のコストや手間を考えて、軽さに勝るアルミ缶が使われているというわけです。

ウーロン茶のペットボトルが上げ底・ギザギザのワケは？

ふだん、あまり見ることはないと思いますが、お茶やウーロン茶のペットボトルの底は上げ底でギザギザになっています。また、炭酸飲料の場合は丸いボコボコがついています。これはデザイン上の問題ではなく機能性を重視した結果です。

お茶やウーロン茶は、熱い状態でペットボトルにつめられます。そこで、熱による変形を防ぐために、上げ底でギザギザした形になっているのです。

一方、炭酸飲料の底が丸みを帯びているのは、炭酸ガスの圧力に耐えられるようにつくられているわけです。手元にペットボトルがあれば、試しに見てください。

なぜ高級なお茶は熱湯でいれないのか？

煎茶《せんちゃ》をいれるとき、お湯の温度は70℃から80℃あたりが適温だそうです。この温度以上になると、煎茶にふくまれているタンニンが溶け出し、美味《おい》しいお茶になりません。

高級茶として知られている玉露の場合は、もっと低い50℃程度でいれます。玉露の美味しさの秘密は、お茶にふくまれているテアニンなどのアミノ酸にあります。そのアミノ酸がお湯に溶け出すのが50℃前後なので、その温度が適温とされているわけです。

逆に、熱湯に近い温度で入れて味わうのがほうじ茶や番茶です。タンニンやアミノ酸をほとんどふくんでいないため、味と香りを楽しむためには、熱いお湯でいれるのが正しい飲み方になります。

緑茶、紅茶、ウーロン茶のなかで、ビタミンCがいちばん豊富なのは？

緑茶にはビタミンCが豊富にふくまれていて健康にいいことが知られています。しかし、緑茶も紅茶もウーロン茶も、じつは同じお茶。発酵させたのが紅茶で、半発酵させたのがウーロン茶であることも、よく知られています。しかし、なぜ緑茶だけがビタミンCが豊富といわれるのでしょうか。

それには、緑茶の製法と、紅茶・ウーロン茶の製法の違いに秘密があります。

緑茶の場合、摘んだお茶を、まず、せいろで蒸すという工程があります。ここが肝心で、この蒸されているときにビタミンCを破壊する酵素が熱によって死滅させられてしまうのです。

紅茶やウーロン茶には、蒸すという工程がなく、そのため時間の経過とともにビタミンCが破壊されて、いざ飲むときにはビタミンCが失われてしまっているのです。

サプリメントなどにたよらずに緑茶を飲めば、ビタミンCが摂取できるというわけです。

QA どうしてティーカップの口はコーヒーカップの口よりも広い？

コーヒーカップとティーカップの形を見くらべると、タテに長いコーヒーカップと広口のティーカップというように、その違いは一目瞭然《いちもくりょうぜん》です。

コーヒーカップがタテ長になっているのは、コーヒーを冷めにくくする工夫です。

たしかに飲み口が狭くなっていれば、温かさを保てます。

では、ティーカップは、なぜ口が広くなっているのでしょうか。それは、味とともに紅茶の色を楽しむためです。口が広ければ、それだけ光が入りますから、紅茶の微妙な色合いを楽しめるというわけです。

たしかに、コーヒーにも、ブルーマウンテン、キリマンジャロ、マンデリン、コロンビア、ブラジルサントス、モカなど、さまざまな種類がありますが、色そのものは、あまり変わりありません。

しかし紅茶は、その種類によって、さまざまな色があります。

インドの北部産のアッサムは深い紅色をしています。ミルクティーに適する紅茶です。やはりインド北部産のダージリンは、透明度の高い琥珀《こはく》色をしていてストレートティー向きです。インド南部産のニルギリは、濃い橙《だいだい》色をしています。紅茶の種類と色を語りはじめたら尽きることがありません。

味だけでなく、こうした色を楽しむためにティーカップの口は広くなっているというわけです。

また、コーヒーカップにも内側に装飾を施したものがありますが、ティーカップの内側には模様や風景が描かれたものも少なくありません。そうしたデザインや絵柄を楽しむためにも、ティーカップは広口になっています。

どうして冷やしていないコーラは泡がたくさん出る?

振ってもいないのに、缶コーラを開けたとたん、泡があふれ出てきたという経験はありませんか。あるいは缶ビールをプシュッと開けたとたんに泡があふれてきたり……。

コーラにしても、ビールにしても、泡の正体は炭酸ガスです。炭酸ガスは液体に溶け込みますが、温度が低いほど、よく溶け込むという性質があります。つまり、温度が高いと、炭酸ガスが液体に溶け込んでいないため、フタを開けると、それっとばかりに外に飛び出そうとします。つまり、泡があふれ出てくるというわけです。炭酸ガスをふくんだ飲み物を開けるときに、泡をあふれ出させたくなければ、よく冷やしておけばいいということです。

バナナはマラソン選手の強い味方?

マラソンが大人気です。大きな大会に参加するための競争率は何十倍にもなるとか。ところで、中継を見ていると、給水所で水が補給されるだけでなく、エネルギー補給のための食べ物も用意されています。とくに人気の高いのがバナナです。２０１２年の東京マラソンでは、９万５０００本ものバナナが用意されたといいます。

フルマラソンの42・１９５キロを走ろうとすると、マラソン選手なら2時間ちょっとですが、一般のランナーでは、それよりも長い時間がかかります。当然、おなかが空《す》きますね。

バナナは糖分を多くふくんでいるだけでなく、消化、吸収の早いデキストリンという成分をもっています。つまり、食べてからエネルギーになるまでに時間がかかりません。しかも、簡単に皮がむけて、片手で持って食べられるので、マラソン選手にはもってこいのエネルギー源なのですね。

QA インドのマックでは牛肉ではなく鶏肉が使われている？

ヒンズー教徒にとって、牛は神様の使いです。当然、牛肉を食べることはありません。でも、ヒンズー教徒が多くいるインドにもマクドナルドはあります。マクドナルドといえばハンバーガーで、使われているのは牛肉です。

では、ヒンズー教徒以外の人だけがハンバーガーを食べているのでしょうか。

じつは、ヒンズー教徒もハンバーガーを食べています。というのもインドのハンバーガーには牛肉が使われていないからです。

インドでは鶏肉を使ったハンバーガーが販売されています。信仰の厚いヒンズー教徒も、安心してマックのハンバーガーを味わえるというわけです。

第5章 乗り物の不思議

QA タクシーはバックでメーターが上がる?

タクシーに乗って、目的地の直前でピッとメーターが上がると、とても悔しい気がしませんか。もちろん「もうちょっと先まで」なんて、タクシーを進めてもらい、わざわざ歩いて戻る人はいないと思いますが……。

さて、タクシーのメーターは走った距離で上がっていきますが、じつは時間によっても上がります。時間距離併用メーターと呼ばれるもので、信号待ちをしている間、タクシーが止まっていても、設定された時間が経過するとメーターが上がるのです。

バックした場合も同じ。走行距離ではメーターは上がりませんが、時間によって上がるのです。もっとも、タクシーに乗って「バックで走ってください」という人はいませんが……。

高速道路のサービスエリアとパーキングエリアの違いは？

高速道路を走っていると、サービスエリアとかパーキングエリアなどの表示を目にします。

走り慣れているドライバーは、その違いを知っているのでしょうが、一般の人にすれば、その表示だけでは、何が、どう違うのかわかりにくいかもしれません。

調べてみると、サービスエリアとパーキングエリアでは、じつはハッキリした違いがありませんでした。しかし、それでは答えにならないので、それぞれの特色を紹介しましょう。

まず、サービスエリアは、休憩所です。利用者が休憩したり、食事をとったり、クルマに給油したりクルマを整備・点検するための施設として設けられています。

駐車場はもちろん、トイレや無料休憩所、ちょっとした公園のようなスペースが用意されているほか、レストランや売店も設置されています。道路や天気に関する情報コーナーがあったり、記念スタンプ好きが喜ぶハイウェイスタンプなどが置いてあったりします。

一方のパーキングエリアは、サービスエリアよりも小規模な施設ですが、トイレや自動販売機、売店や軽食コーナーなどは、設けられています。

交通量の多い区間に設けられたパーキングエリアによっては、レストランや案内所、ガソリンスタンドなどが設けられているところもあります。

軽くひと休みするならパーキングエリアで、おなかが空《す》いたから何か食べようかというならサービスエリアという使い分けができそうですね。

なお、余談ですが、日本に高速道路は4本しかないといったら驚きますか。

じつは「高速道路」という名称がつけられているのは「東名」「新東名」「名神」「新名神」の4つだけで、ほかは、たとえば「東北自動車道」「関越自動車道」「中央自動車道」といった名になっています。もちろん、一般的には、どの自動車道も「高速」で通じることはいうまでもありません。

QA クルマのナンバーに使われない「ひらがな」は？

クルマのナンバープレートには、「横浜」「品川」「大宮」といった地名が表示されていて、そのあとに、クルマの大きさや車種を表わす数字が表示されています。そして「ま」「あ」「た」といったひらがながあって、ようやく数字、つまりクルマのナンバーになります。

ところで、ナンバープレートには使われていない4つのひらがな（旧仮名以外）があります。それが「お」「し」「へ」「ん」。

「お」は「あ」と読み間違えられやすいことと、事業用車両で「を」が使われていることから外されたという説があります。「し」は「死」につながるとして避けられたようです。「へ」は「屁《へ》」を連想させるから……かどうかはわかりませんが、使われていません。そして「ん」は発音しにくいために使われなかったものと思われます。

ちなみに、レンタカーでは「わ」が多く使われていますが、北海道のレンタカーには「れ」が使われています。

雪が降ると高速道路などに塩をまく理由は？

雪の高速道路では、雪を溶かすために塩をまきます。雪は水でできているものですから0℃で凍ります。

純粋な水は0℃で凍りますが、何かが混ざって不純物となると、固体の物質が液体になる融点という温度が低くなる性質があります。塩をまくことによって、氷点下でも雪が溶けてくれるというわけです。

では、なぜ塩をまくのかといえば、コストがかからないからです。薬剤などを使えば、お金がかかります。それを節約しているのです。

気をつけたいのは、塩がまかれた道路をクルマで走ったあと。クルマのボディやタイヤに塩が付着しているわけですから、きちんと洗車をしておかないと、金属部分が錆《さ》びたり、ゴムが劣化したりすることもあります。

消防自動車のはしご車は、どれくらいの高さに届くか？

高い建物の火事で逃げ遅れた人を、はしご車に乗った消防隊員が救出するシーンをニュースなどでみることがあります。

日本の消防車の場合、30メートルから50メートルくらいまでの高さに対応できる、はしご車が使われています。ビルの階数でいうと、16階から17階くらいにとどくということになります。

はしご車が活躍するのは火事だけとはかぎりません。マンションのベランダでケガ人が出たような場合、ストレッチャー（台車のついた搬送用のベッド）がエレベーターにおさまらないなら、救急車と一緒に、はしご車が出動することもあります。

はしご車のはしごの先についているカゴはバケットと呼ばれ、大人が3人くらい乗れるようになっています。

移動図書館のクルマに、本はどれくらい積める?

図書館を利用しようと思っても近くにない……そんなときの強い味方が移動図書館車でしょう。

見た目はバスのようですが、扉を開ければズラリと、いろいろな本が並んだ書棚があらわれます。また、車内の通路をはさんだかっこうで、書棚になっている移動図書館車もあります。

さて、移動図書館車は、どれくらいの本を積めるのでしょうか。もちろん、車両の大きさによっても違いますが、一般的には1000冊から3000冊の本が積めるようになっています。

路線バスには、どうして座席に高低差がある?

観光バスの座席の高さは一定ですが、路線バスに乗ると、たいていの場合、後ろに行くほど座席が高くなっています。後ろの座席を利用するお客さんに車窓風景を楽しんでもらうためのサービスなのでしょうか。

それはサービスではなく、バスの構造によるものです。バスの後部にはエンジンがあります。そのため後部座席は、エンジンのスペース分だけ上に持ち上げられるかっこうになってしまいます。

では、観光バスの座席は、なぜ平らなのかといえば、エンジンよりも前の部分に、お客さんの荷物を入れるためのスペースを設けてあるからです。

路線バスと観光バスとが並んでいるところをみると、観光バスのほうが背は高くなっているのがわかります。それは、観光バスは窓からの景色を楽しめるように、最初から座席の位置が高くなっているためです。

QA 飛行機は、あんなに細い脚で大丈夫なのか?

飛行機が離着陸する様子は、とてもダイナミックで華麗です。しかし、大きな重い機体に対して、飛行機の脚はずいぶん細く感じます。

たとえば、いまをときめくボーイング777型機の場合、その重量は300トンもあります。

しかし、「着陸のときに脚が折れた」という話は聞いたことがありません。どうして、あんなに細い脚なのに飛行機を支えられるのでしょうか。

その秘密は、オレオ式緩衝装置というメカニズムにありました。これは、シリンダーとピストンからできていて、シリンダーの中に油と圧縮ガスが封入されています。

そして、着陸時の衝撃は、シリンダーの中のオリフィスという部分を油が通ってやわらげられるようになっています。

その発明のきっかけは、人間の体にある「ひざ」がヒントだったといわれています。人間のひざには、膝関節《しつかんせつ》のほか、膝《ひざ》軟骨や半月板など、衝撃を吸収するためのしくみがあります。それが飛行機の脚の開発のときに、参考にされたというわけです。

旅客機のタイヤは、どれだけ頑丈なのか?

地上にいる飛行機を脚とともに支えているのがタイヤです。ボーイング７７７型機の場合、３００トンの機体をメインギアと呼ばれる６本のタイヤのまとまりで支えています。メインギアは２つありますから、12本のタイヤで３００トン、つまり１本あたり25トンの重さを支えていることになります。

25トンといえば、大型トラックどころではなく、トレーラーが必要な重さです。25トンのトレーラーとなると、タイヤは10本以上ついているものも少なくありません。それを１本で支えようというのですから、飛行機のタイヤがどれだけ頑丈かわかりますね。

ところで、「離陸よりも着陸のときのほうがタイヤの負担が大きいだろう」と思いがちですが、じつは、そうでもありません。

どういうことかというと、離陸のときには燃料をたくさん積んで飛び立ちますが、着陸のときは燃料が減っているため、飛行機の重量そのものは離陸したときよりも軽くなっているからです。ただし、どれくらい軽くなるかは、飛行ルートによって積む燃料の量が違いますから一定ではありません。

旅客機のタイヤは、どれだけガマン強いのだろう?

飛行機のタイヤに求められるのは、機体の重量を支えることだけではありません。じつは厳しい環境にも耐えられるようになっています。

国際線のジェット旅客機は、高度1万メートルから1万3000メートルを飛んでいます。機内は快適な温度になっていますが、外はマイナス50℃からマイナス60℃の世界。タイヤは厳しい寒さにさらされるわけです。

もし、タイヤが凍りついてしまったら安全に着陸できません。タイヤは、そんな低温でも品質が保てるようにつくられているのです。

さらに、レーシングカーのタイヤは、一度のレースで交換されますが、飛行機は飛ぶたびにタイヤを取り替えていては、時間もコストもかかります。

飛行機のタイヤは、だいたい200回の離着陸を超えると、すり減った表面だけを交換して使われます。交換を5~6回繰り返すことで、1本のタイヤは、1400回もの離着陸に耐えられるようになっています。そのくらい飛行機のタイヤはガマン強いということですね。

なぜ成田〜ニューヨーク間の飛行は、行きより帰りが遅い？

航空会社の時刻表や旅行ガイドを見ると、たとえばニューヨークから成田までより、成田からニューヨークまでは短時間になっています。どうして同じ距離を飛ぶはずなのに時間が違うのか、不思議に感じませんか。

所要時間が1時間以上違ってしまうのは、主に風の影響です。ジェット旅客機が飛ぶ高度1万メートルには、西から東に向かって偏西風という強い風が吹いています。成田からニューヨークに向かう飛行機は、その偏西風にのって飛んで行けます。いわば「追い風」です。

一方、ニューヨークから成田に向かう場合は、偏西風に逆らって飛ぶようになります。要するに「逆風」のなかを飛んでいるわけですから、それだけ時間がかかるというわけです。

飛行船には、なぜヘリウムガスが使われているか？

大空を優雅に飛ぶのが飛行船。長細い風船のようにみえる部分は気嚢《きのう》と呼ばれます。気嚢にはヘリウムガスが入っています。

ヘリウムは水素の次に軽い気体です。なぜいちばん軽い水素を使わないのかといえば、水素が燃えやすいからです。

１９３７年5月6日のこと。ドイツの飛行船ヒンデンブルク号がヨーロッパから大西洋をわたり、アメリカに到着しました。しかし、着陸の寸前に気嚢に入っていた水素ガスに引火して大爆発を起こしました。36人もの犠牲者が出る悲惨な事故で、それ以後、飛行船の気嚢には水素ガスではなく、ヘリウムガスが利用されるようになったのです。

ヘリウムガスは無味無臭の気体です。燃えにくいという性質があるために、飛行船は安全に飛べるというわけです。

飛行機の翼も、鳥のようにバタバタする?

飛行機に乗ったとき、翼が上下に動いているのを見たことはありませんか。なかには、「頑丈にできている飛行機のはずなのに大丈夫かな?」と不安に思う人がいるかもしれませんが、もちろん心配はいりません。

飛行機の翼は、横向きの長い方向に「スパー(桁《けた》)」という数本の骨があり、縦向きの短い方向には、スパーとスパーをつなぐようにして「リブ(小骨)」があります。つまり、翼の中は格子状の骨組みになっているのです。

格子状の骨組みにする理由は2つあります。

ひとつは軽量化です。もし、翼を頑丈にしようとして、全体に資材を詰め込むと重くなってしまいます。飛行機全体の重量バランスがとりにくくなると同時に、重くなれば、それだけ燃料代もかかります。

もうひとつは、しなやかさの問題です。格子状だからこそ、翼にしなやかさが生まれ、気流の変化にも対応できます。もし、しなやかさがなければ、翼がポキッと折れてしまう危険もあります。「柳の枝に雪折れなし」という言葉もあるように、しなやかさが頑丈さに勝ることもあるというわけです。

飛行機にも前照灯があるのか?

飛行機のライトといえば、主翼の先についている緑と赤のナビゲーションライトを思い浮かべる人も少なくないでしょう。飛んで行く方向の右側が緑、左側が赤と決まっていて、それぞれのライトを点滅させながら飛んでいる姿を見たことがあると思います。

電車やクルマのように、飛行機は前照灯をつけて飛んでいるわけではありませんがじつは飛行機にも前照灯があります。着陸するときに滑走路を照らし出すための白い光を放つもので「着陸灯」と呼ばれています。

着陸灯は周囲に飛行機が飛んでいるときにも、自分の存在を知らせるために点灯されることもあります。

どうして飛行機は富士山の真上を飛ばない？

長いあいだ海外に出かけていた人の多くが、飛行機から富士山が見えると「あぁ、日本に帰ってきたんだなぁ」と思うようです。

でも、飛行機が富士山の近くを飛ぶことは、ほとんどありません。せっかく飛行機だから近くで見たいとか、山頂の上を飛んでくれたらいいのに……と思うかもしれませんが、それはできない話なのです。とくに晴れた日ほど富士山は敬遠されます。

その理由は乱気流があるためです。

一般的に、山の天気が変わりやすいことはよく知られていますが、その原因は気流の変化が激しいからです。とくに富士山のように標高の高い山の場合、横からの風が富士山にぶつかって、山岳波という乱気流を起こします。

「乱」という文字どおり、一定の空気の流れではなく、不規則な空気の流れですから、飛行機にとっては、たいへん危険です。しかも風向きが変われば、その空気の流れは、もっと複雑になってしまいます。

飛行機にすれば、富士山は遠くから見るにかぎるというわけですね。

なぜ空港が海の上につくられるのか？

「関空」と呼ばれる関西国際空港や、「セントレア」と呼ばれる中部国際空港など、21世紀に入ってからオープンした空港は、海上に建設されたものが目立ちます。海上空港には、さまざまなメリットがあるためです。

まず、パイロットからすると、周辺に建物などの障害物がないので、離着陸の視界をしっかり確保することができます。離着陸といえば、パイロットがもっとも緊張するときですから、飛行機を操縦する側にとっては大きなメリットです。

また、空港周辺に住宅密集地があれば、付近の住民は、飛行機の安全性に不安を感じたり、飛行機の騒音に悩まされたりすることになりますが、海上なら、その問題も出ません。

さらに、安全性や騒音に問題がなければ24時間、飛行機が離着陸できます。旅客機の場合は夜中に到着すると、お客さんがたいへんですが、たとえば貨物便なら夜中に作業をすることもできます。

しかも、日本は国土の面積が狭い国です。海上に空港をつくれば、土地をほかの用途に利用することも可能になります。海上空港は、これからの日本にとってトレンドになりそうです。

飛行機のパイロットのトイレはどこにある?

飛行機を操縦しているパイロットや副操縦士も、フライトの途中でトイレに行きたくなることもあるはずです。でも、コックピットにトイレがあるという話は聞いたことがありません。

パイロットや副操縦士は、キャビン、つまり客室にあるトイレを利用しています。もちろん、できるだけコックピットを離れる時間を少なくするために、コックピットの近くにあるトイレを利用しますから、必然的にファーストクラスやビジネスクラスのトイレで用を足すようになります。

ちなみに、コックピットにはトイレが使用中かどうかを知らせるランプがあるそうです。

新幹線の先頭車両は、どんな機械がつくっているのか?

新幹線車両の先頭部分が、どんどん長くなっているのは、空気抵抗よりもトンネルに入ったときに出口で起こる「トンネルドン現象」を抑えるためです。では、あの長細い形は、どんな機械でつくられているのでしょうか。

じつは「機械ではつくられていない」というのが答えです。新幹線の先頭部分は、アルミの板をハンマーでたたいて形を整えていく「打ち出し板金」という方法でつくられています。機械では微妙な曲線をつくれないために、人の手でやっているのです。

まさに職人技というべき技術ですが、機械でできるものではなく、山口県の山下工業所という会社が担当しています。

エッ！　秋田新幹線には線路が3本？

電車の線路は2本と決まっています。でも、秋田新幹線の一部には、線路が3本敷かれているところがあります。

JRの在来線の線路の幅は、狭軌と呼ばれる１０６７ミリですが、新幹線の線路の幅は標準軌という１４３５ミリです。線路の幅が違えば列車は乗り入れることができません。

じつは、秋田新幹線は、もともと奥羽《おうう》本線という在来線でした。しかし、秋田新幹線として新しい線路を建設するのではなく、複線だった奥羽本線のうち、上り線を新幹線用に改修工事をして、単線の新幹線として開業したのです。ちなみに、下り線は在来線のままです。

しかし、単線の鉄道では、列車同士のすれ違いができません。そこで考え出されたのが、在来線として残っている下り線の一部に、もう1本線路を敷いて、すれ違えるようにするという方法です。これは三線軌条と呼ばれる方式で、奥羽本線の神宮寺《じんぐうじ》駅と峰吉川《みねよしかわ》駅のあいだにあります。

三線軌条は、箱根登山鉄道の入生田《いりうだ》駅と箱根《はこね》湯本《ゆもと》駅との間や京浜急行電鉄の金沢八《かなざわはっ》景《けい》駅と神武寺《じんむじ》駅との間にもあります。

同じ電車なのに新幹線と在来線はハンドルの位置が違う?

オートマチック車の場合、ペダルは右がアクセル、左がブレーキになっています。マニュアル車の場合は、ブレーキの左側に、もうひとつクラッチペダルがあります。この並びは国産車でも外車でも同じです。ところが、JRの鉄道車両の場合、新幹線と在来線では、運転台のハンドルの位置が違っています。電車の運転台で、クルマのアクセルにあたるのがマスターコントロールハンドルで、ブレーキにあたるのはブレーキハンドルです。

在来線の電車の場合は、右側にブレーキハンドルがあり、左側にマスターコントロールハンドルがありますが、新幹線では、その左右の位置が逆になっているのです。

これは、在来線の電車の場合は、頻繁に停車することが多いため、右利きの多い日本人がブレーキを扱いやすいようにと考えられているのです。

　一方、新幹線の場合は、停車することよりも加速と速度調整がポイントになりますから、マスターコントロールハンドルを右手で扱えるようにしておいたほうが運転しやすいというわけです。

真っ昼間に出発する「夜行列車」がある？

　新幹線の開業や車両自体の老朽化などによって、いろいろな夜行列車が消えました。現役の夜行列車も、定期運用されているものもあれば、ほとんど毎日走っているにもかかわらず、臨時列車扱いという寂しい列車もあります。

　さて、夜行列車というと、夜に出発するイメージがあるかもしれませんが、じつは、真っ昼間に出発する列車もあります。

　大阪発、札幌行きの「トワイライトエクスプレス」です。この列車の魅力は、日本海に沈む夕日が車窓から楽しめることです。金沢を午後3時40分に発車したあと、富山を4時31分発、直江津《なおえつ》を5時59分発という時間帯で走るようになっています。列車の名のとおりに、トワイライトなので夕暮れ時を走るわけです。

日本海の夕日を楽しむために設定された大阪を出発する時刻が11時50分。そろそろお昼ごはんというころに、夜行列車が出発するわけです。

「トワイライトエクスプレス」は、新津《にいつ》を午後7時39分に発車したあとは、まさに夜行列車です。日本海に沿って北上し、北海道の洞爺《とうや》には翌朝7時18分に到着、終点の札幌には9時52分着。

およそ22時間かけて、１５００キロの距離を走ります。人気があるために、なかなか切符が取れず、まさにプラチナ・チケットといわれています。

昼間でも電車がライトをつけて走るわけは？

以前、日中、走っている電車のライトは消されていましたが、最近は、昼間でも前照灯をＯＮにして走っています。

もちろん、運転士さんの消し忘れではありませんし、ライトを点灯することで、前方が、よく見えるわけでもありません。ライトをＯＮにして走るのは、ホームで待つ人や踏切を渡る人などに列車の存在を知らせるためです。

電車は、スピードが速いだけでなく、何両も連ねて走りますから、それだけの重量があります。急ブレーキをかけたとしても、止まるまでにはかなりの距離が必要です。そこで、遠くにいる人にも列車が走ってきていると伝えるために、ライトをＯＮにして走っているわけです。

街のなかでも、タクシーや運送業者によっては、「昼間でもライトＯＮ」という会社が増えているようで、たしかに目立っています。

始発電車の運転手は誰が起こすのか？

始発電車の運転手さんは、電車で通うことができません。駅などの宿泊施設で前の日の夜から泊まり、早朝から起きて運転の準備をします。でも、寝過ごしてしまうということはないのでしょうか。

その問題を解決しているのが、自動的に起こしてくれる機械です。といっても、大音響が鳴り響くものではありません。じつは、空気によって起こされているのです。

布団の下に空気のたまる袋があって、セットされた時刻になると、その袋に空気が送り込まれます。すると、袋が少しずつふくらんで、眠っている人を起き上がらせるという仕掛けになっているのです。

袋がふくらむのを止めるスイッチは、ベッドからちょっと離れたところにありますから、スイッチを切って二度寝してしまうようなこともありません。また、ほとんど音もしませんから、となりのベッドで夜勤の人が仮眠していたとしても、気がつくことはありません。

でも、プロの運転手さんの場合は、機械に頼らなくても、たいてい起床する時刻の前に目が覚めるそうで、寝坊することはないようです。

QA 電車の車掌の独特な口調は何のため?

電車が駅を出発すると、「毎度、ご乗車ありがとうございます。この列車は高崎線の普通列車、高崎行きです」といった車内放送が流れます。でも、車掌さんは、ちょっと独特な話し方をしていると思いませんか。

じつは、あの声は、わざと出している声で、話し方にしても、あえて、あんな話し方をしているのです。それというのも、ふつうの声や話し方では、乗客の話し声に紛れてしまうからです。

列車に乗ったとたんに、あるいは乗る前からペチャクチャしゃべっている人がいますが、なかには、その列車を初めて利用する人もいます。

車内放送では、そういった人の耳にも、ちゃんと届くようにアナウンスをしているというわけです。

「列車の遅れで○万人に影響」って誰が数えているのか？

大雨や雪、台風や地震といった自然災害が起きたときや、信号トラブルや車両故障などで列車が遅れたり運休したりすると、テレビ・ラジオや新聞で「○万人に影響が出ました」と報道されます。でも、誰かが数えているわけではありません。

鉄道会社では、駅の乗降者数や区間ごとの利用者数や列車の混雑率などのデータを定期的に調べています。列車の遅れなどが発生した場合、そのデータをもとに計算して、どれくらいの利用者に影響が出たか発表しているというわけです。

たしかに、トラブルが起きたときは、それを解決するのが優先で、いちいち影響を受けた人の人数をカウントしている場合ではありません。

なぜ鉄道の切符の大きさは、みんな同じなのか？

ＪＲ線の自動券売機から出てくる切符の大きさは、日本全国どこでも同じで、タテが30ミリ、ヨコが57・5ミリになっています。ＪＲだけでなく私鉄の場合も、しかも地方の私鉄でも、たいてい、この大きさになっています。

この大きさは、ニューカッスルカーライル鉄道というイギリスの鉄道会社の駅長だったトーマス・エドモンソンという人物が考案したので「エドモンソン券」と呼ばれています。そして、日本とイギリスだけではなく、世界の標準的なサイズになっています。

もちろん、新幹線の切符や指定席券など、大きさの異なる切符もありますが、少なくともＪＲの駅の自動券売機から出てくる普通の切符は、この大きさです。

QA 切符の裏側は、どうして黒くなっている？

自動券売機から出てきた鉄道の切符の裏側といえば、黒や茶色になっています。じつは、切符の裏側には磁気をもった細かい粒が塗られているのです。磁気情報には、発売した駅、発売した時刻、改札機を通った時刻、運賃などのデータが書き込まれていますから、降りる駅で不正をしようとしても、ちゃんとわかってしまうわけです。切符は目的地まで正しく買いましょう。

QA 駅間距離が同じなのに、なぜ所要時間が違うのだろう？

時刻表をながめていると、駅と駅との距離はほとんど変わらないのに、所要時間が違うケースがよくあります。ほかの列車に追い越されているわけでもないのに……です。

これは、鉄道の線路が、ずっと平らなところに敷かれているわけでもなく、また一直線に敷かれているわけでもないから。つまり、上り勾配《こうばい》があれば、それだけ時間がかかりますし、カーブの多いところではスピードを出せないどころか、徐行するためにスピードを落とすことが必要になります。

安全な運行のために、鉄道会社では、アップダウンやカーブなどの線路の状況を考えたうえで列車ダイヤを組んでいるのです。

電車の座席の「1人分」は何センチ?

電車の座席を一人占めしている人を見かけることがありますね。でも、ちゃんと1人分の座席の幅が、日本工業規格(JIS)で43センチ以上と決められています。鉄道会社によっても違いがありますが、最近では、およそ45センチ程度になっているようです。

これは、JISが定められた1979年よりも、日本人の体格がよくなったことと、少しでも乗客に快適さを提供したいという理由から、その幅に設定されているものです。

45センチで足りるかどうかは個人差があると思いますが、少なくとも乗車マナーは守りたいものです。

鉄道車両にもハイブリッドカーの波が押し寄せている?

トヨタのプリウスやホンダのインサイトなど、いわゆるハイブリッドカーが、省エネで地球にやさしいエコロジーなクルマとして人気があります。「エコ」といえば、ガソリン代が節約できることから、家計にもやさしいエコノミーなクルマとしても人気となっています。

じつは鉄道の世界でもハイブリッドカーが活躍しています。電車は、もともと二酸化炭素を出しませんから、ディーゼルカーの話です。

ＪＲ小海《こうみ》線は電化されていないため、それまでディーゼルカーが走っていました。そこに投入されたのが、ハイブリッドカーです。この車両には、発電用のディーゼルエンジンがあって、蓄電池にためておいた電気でモーターを動かして走ります。車内の照明やエアコンにも車両で発電した電気が使われます。

発電する必要がないときはディーゼルエンジンを切っているので、車内がとても静かだそうです。

最近の電車のトイレは、水をほとんど使わない？

山手線や京浜東北線にはトイレがついていませんが、近郊型電車や新幹線にはトイレがついています。

その昔、電車のトイレといえば、あまり清潔とは思えず、またイヤなニオイもして利用するには勇気が必要でした。ところが最近の電車のトイレは、けっこうキレイで、抵抗なく利用できるようになっています。

電車のトイレは、以前は使用後に消毒液が流れるようになっていましたが、最近では、水が流れる前に、圧縮された空気を利用して排泄《はいせつ》物をタンクに吸引してしまう方式がとられています。

トイレを使ったあとに「流す」のボタンを押したとき、「シュポッ」という音を聞いたことがあると思いますが、いってみれば「真空方式」とでもいう片づけ方というわけです。昔の列車のトイレが「垂れ流し方式」だったことから考えると、トイレもずいぶん進化したものです。

駅のホームの順序はどうやってつけるのか?

駅のホームには1番線、2番線と番号がつけられています。基本的には、駅の本屋《ほんおく》と呼ばれる建物に近いところからつけられます、わかりやすくいえば本屋というのは駅長室や駅事務室など、駅の主要な部分がある建物と考えて、ほぼ間違いないでしょう。

もっとも、欠番のある駅もあります。たとえば、ＪＲ大宮駅の場合、線路はあるもののホームがないために、「5番線」と「10番線」が欠番になっています。その一方で、ＪＲ京都駅には「0番線」というホームがあります。

最近は、駅そのものがビルになっていて、本屋がわかりにくくなっている駅もありますが、そういう場合は、「上り線」を「1番線」に設定することが多くなっているということです。

新宿駅には、どうして東京行きのホームが2本ある？

日本でもっとも利用者数の多い鉄道の駅として知られている新宿駅は、1日平均およそ73万人が利用しています。当然、列車の混雑はたいへんなもので、通勤・通学の時間帯ともなると、どの電車も満員です。

新宿駅では、東京方面行きの中央線快速電車のホームは、7番線と8番線と2本あります。複々線ではありませんから、電車は1本しか走れないのに、なぜホームが2本あるのでしょうか。

これは、乗客が乗り降りしている間に、次の電車が駅の手前まで来ていて、たとえば7番線の電車が発車した後、すぐに8番線に入れるようにしているためです。こうすることで列車の運転間隔を詰めて運行本数を増やし、混雑を緩和しようとしているわけです。

ちなみに、中央線快速電車で新宿駅のひとつ手前の駅になる中野駅も、東京方面行きのホームが2本あります。偶然かもしれませんが、新宿駅と同じ「7番線と8番線」になっています。

四角いクルマや電車が走るのに、トンネルはどうして丸い?

トンネルの多くは丸い形をしています。道路のトンネルを通るのは乗用車だったりバスやトラックだったりしますが、たいていは四角い形をしています。鉄道トンネルをくぐる新幹線も電車も、貨物列車にしても、やはり四角です。トンネルは四角い形にしたほうが楽だと思いませんか。

じつはトンネルにかかる力は、上からだけではありません。両側からも斜めからも力がかかっています。その力を分散させるためにはアーチ形、つまり丸い形がもっとも適しているのです。たとえば、卵は簡単に割ることができますが、押しつぶそうとすると、かなりの力がいるのと似ています。

もし、四角いトンネルだったら、角の部分に力がかかったときに、くずれてしまう危険があります。

もちろん、四角いトンネルを見ることもあります。でも、四角いトンネルの場合はわりと小さなものだったり、まわりからの力がかからないトンネルだったりするはずです。

地下鉄が24時間営業できない理由は?

大都市・東京の地下を網の目のように走る地下鉄ですが、終電から始発までは、列車の運行が止まります。でも、年末年始に終夜運転されていることから考えると、毎日、24時間営業ができないのかと思いがちです。

しかし、終電から始発までは、じつは貴重な時間になっています。それは地下鉄の線路や設備などのメンテナンスです。地下鉄にかぎらず、ひっきりなしに走る鉄道では、緊急の工事などを除いて、列車の本数が少なくなる時間帯に点検や整備がおこなわれます。もちろん夜間の作業になります。

地下鉄の終電から始発までの時間は、ただ休んでいるわけではなく、始発から終電まで安全に走るために必要な時間だったというわけです。

なぜニューヨークの地下鉄は24時間営業ができるのか?

日本の地下鉄は、終電から始発までの時間帯を使って、点検や整備をしています。でもニューヨークの地下鉄は、24時間営業です。

ニューヨークの地下鉄は、点検や整備がされていないのでしょうか。もちろん、そんなことはなく、ちゃんとメンテナンスを受けています。では、どうやっているかというと、東京メトロは複線ですが、ニューヨークの地下鉄は複々線になっているのです。

つまり、頻繁に列車が走る日中は、複々線で運行して、利用者の少ない夜間は、複線だけで列車を運行し、もう1本の線路を点検、整備しているのです。いわれてみれば、ナルホド！　という話ですね。

1ノットって、どれくらいの速さ？

クルマや列車など、たいていの乗り物のスピードは時速何キロという表示をしますが船の場合は「何ノット」と表わされます。なぜ船だけは、時速何キロとしないのでしょうか。

1ノットをメートル法で表わすと毎時1852メートルの速さになります。1852メートルという中途半端な数字ですが、じつは地球の緯度が基準になっています。

緯度というのは、赤道を0度、北極と南極をそれぞれ90度として設定した目盛りのようなものです。赤道より北側を北緯、南側を南緯といいますが、緯度1度の長さを60に分けた長さが1分です。その長さが、さきほどの1852メートルなのです。

なぜ船で「ノット」が用いられているかという答えは、ここにあります。

船は海図を見ながら航行しますが、その基準となるのは緯度と経度です。つまり、緯度の長さで航海することが船乗りにとって便利だからです。

蒸気機関車を発明したのはスチーブンソンではなかった?

蒸気機関を発明したのがジェームズ・ワットで、それを利用して蒸気機関車を発明したのがジョージ・スチーブンソン……と思われがちですが、それは正確な話ではありません。

蒸気機関は、17世紀の後半にイギリスのトーマス・セバリーや機械技師たちによって炭坑から水をくみ出す機械に利用され、トーマス・ニューコメンによって実用化されたというのが、いまや定説になっているからです。

もちろん、ワットが何もしなかったわけではなく、改良を重ねて、エネルギー効率のよいものにしたのですから、その功績はたいへん大きいものです。

ワットは、やかんのフタが水蒸気によって、カタカタと持ち上げられている様子を見て、蒸気の力を発見したといわれていますが、どうやら俗説かもしれません。

一方、蒸気機関車を発明したのは、イギリスのリチャード・トレビシックという鉱山技師でした。トレビシックは1802年に世界初の蒸気機関車を走らせていますが、なかなか思うように走らせることはできなかったようです。

スチーブンソンは、１８１４年にブリュヘル号を製作し、その後、改良を重ね、息子のロバートとともにロケット号という蒸気機関車をつくるにいたりました。このロケット号が、時速47キロという画期的なスピードを出したことから、蒸気機関車の父と呼ばれるようになったわけです。

自転車はドイツ生まれ？　フランス生まれ？

免許もいらず、手軽で便利な自転車を発明したのはドイツ人のカール・フォン・ドライスという人物です。もっとも、いまのようにペダルでこぐものではなく、足で地面をけることによって進む木製の乗り物でした。それでも、前輪の向きを変えることができるハンドルと、前も後ろも同じ直径の2つの車輪を備えていました。１８１８年のことでしたが、その当時は、「走る機械」という意味のドライジーネと呼ばれたそうです。しかし、いまのようなゴムのタイヤは装着されていませんから、乗り心地は、かなり悪かったことでしょう。

ペダル式の自転車をつくったのは、フランスの発明家であるピエール・ミショーです。前輪は大きく、後輪が小さくなっていて、「ベロシペート」と呼ばれました。この自転車も、やはり、ゴムのタイヤではありませんでした。1863年のことといわれています。

1880年代に入ると、チェーンが発明され、また、ゴムタイヤの自転車が登場してきます。それまでついていなかったブレーキも備えられ、ほぼ現在の自転車と同じスタイルになります。

その後、自転車は進化をとげ、いまのように世界中で愛用されるようになりました。

第6章 身近にある素朴な疑問

QA

金メダルは金でできていない？

２０１２年のロンドンオリンピックで、日本は金メダル7個、銀メダル14個、銅メダル17個の合計38個、史上最多のメダルを獲得しました。

ところで、金メダルは、すべて金でできているわけではないということを知っていますか。

じつは、オリンピックの金メダルは、銀を土台にしたメダルに金をメッキしたものです。オリンピック憲章には「純度92・5パーセント以上の銀メダルに6グラム以上の金をメッキしたもの」とありますから、かなり高価なものであることに変わりはありません。

ちなみに、オリンピックのメダルは、金、銀、銅のいずれも、直径6センチ以上、厚さ3ミリ以上と定められています。

トイレットペーパーの横幅が114ミリの理由は？

家でも、学校や会社でも、あるいはファミレスなど、どのトイレに入っても、備え付けのトイレットペーパーの横幅は、なぜか114ミリという半端な数字になっています。

これは日本工業規格、いわゆるJISで定められているものです。どうして、こんな中途半端な数字になっているのでしょうか。

その答えは「トイレットペーパーがアメリカのサイズでつくられたから」です。

トイレットペーパーをつくろうとしたとき、それをつくる機械が日本にはありませんでした。そこで、最初はアメリカから輸入した機械でつくらざるを得なかったのです。

その後、日本製の機械もつくられましたが、サイズを変更すると不都合があり、最初につくられたサイズで、その後も生産されているのです。

トイレットペーパーの幅をアメリカで使われる単位であらわすと、4・5インチで、きりのいい数字です。日本で使われているメートル法にすると、114ミリという長さになります。

どうして水道の蛇口はギザギザになっているのか？

水道の蛇口を下からのぞいたことはありますか。ふだんは気がつかないと思いますが、蛇口のまわりがギザギザになっているものが多いはずです。

このギザギザは整流板と呼ばれ、文字どおり、蛇口から出る水の流れを整える役目をはたしています。整流板があることで水がまっすぐ流れ落ちるようになっているのですね。

整流板がないと、蛇口から出る水が広がってしまったり、水の向きが一定でなくなったりするそうです。

ハンコは牛乳からできているってホント？

ハンコの材料には、いろいろな種類があります。水牛やヒツジの角、柘植《つげ》や黒檀《こくたん》といった樹木、チタンのような金属、そして、カゼイン・プラスチックと呼ばれるものなどです。

このうち、カゼイン・プラスチックは、じつは牛乳からつくられています。カゼイン・プラスチックは、１８９８年にドイツで発明されました。

牛乳から脂肪分を取り除き、酸を加えたりするとカゼインが沈澱《ちんでん》します。これが象《ぞう》牙《げ》によく似た感じのプラスチックになるのです。ハンコのほか、ボタンなどの材料としても使われています。

ハンコを押すとき、なぜ朱肉を使う？

ハンコを押すときに使われるあの赤い朱肉は、どんな理由で使われているのでしょうか。

なぜ朱色が使われるのかといえば、朱色が縁起のいい色とされているからです。たとえば神社の鳥居の多くは朱色をしていますし、世界遺産になっている安芸《あき》の宮島《みやじま》の厳島《いつくしま》神社をはじめ、各地の神社にも朱塗りの柱があります。

また、選挙のとき、候補者の事務所に必勝祈願としておかれるダルマの色も朱色です。昔の人は、朱色に、特別な思いをいだいていたのかもしれません。

CDは、どれくらいのスピードで回転している？

パソコンにCDをセットしても、何かが動いている音しかしません。でも、窓のついているCDプレーヤーにCDをセットすると、ものすごいスピードで回り始めるのがわかります。その回転速度は、まさに目にも留まらぬ速さです。

では、どれくらいの回転数かというと、１分間に２００回転から５００回転にもなります。これだけの速さで回転しているCDを読み取るためには、針ではなく、レーザー光を使ってデータを読み込んでいます。

ちなみに、レコードは外側から内側に向かって針が動いて音を拾いましたが、CDの場合は内側から外側に向かってデータが書き込まれています。

CDの裏面は、どうして虹色に光る？

CDの表面には、文字だけでなく写真やイラストがあしらわれたものもあって、デザイナーのセンスに感心させられます。

ところが、CDを裏返してみると、どれもこれも銀色に輝く虹《にじ》色をしています。銀色に輝くのはアルミが蒸着されているからですが、なぜ虹色にも輝くのでしょうか。

CDの裏面には、音楽を記録しているピットと呼ばれる溝があります。その溝が光を屈折させながら反射しますが、その溝の数がとても多いため、反射する光が影響しあい、その結果、虹色に見えるのです。

光の屈折によって虹色に見えるというのは、雨上がりの空にかかる虹と、同じしくみです。

空気中と水中、音はどっちが速く伝わる?

地上を歩いたり走ったりするとき、空気の抵抗を感じることはありません。でも、水中を泳いだり歩いたりするときは進みにくさを感じますね。

ところが、音が伝わるときは水中のほうが空気中よりも断然、速いのです。

空気中を音が伝わる速度は、１秒間に３４０メートル。しかし水中では１秒間に１５００メートルという速度で伝わります。これは、気体と液体との分子構造の違いによるものです。

気体の場合は、分子と分子の間があいていますから、分子同士の影響力は小さくなります。一方、液体は分子と分子のあいだが気体よりも詰まっていますから分子同士の影響力は大きくなります。

音というのは波の一種ですから、分子から分子に、その波の動きが伝わることによって進んでいきます。つまり、分子同士の影響力が強いほうが速く伝わるために、空気中よりも水中のほうが、音が速く伝わるということになります。

電池を長持ちさせる方法とは？

防災グッズの多くは、乾電池が使われています。たとえば懐中電灯やラジオなどです。

備えあれば憂いなしと防災グッズをそろえていても、じつは落とし穴があります。それは、電池は使わなくても減るということです。「自然放電」という言い方をしますが、電池をセットしておくと、常に電気が流れていて、懐中電灯のライトをつけなくても、ラジオのスイッチを入れなくても、少しずつ電気を消耗しているわけです。

もちろん、使わないときに電池を抜いておけばいいのですが、いざというときに懐中電灯はあっても電池がないとか、単1電池はあるのにラジオに使う単3電池がない……ということになりかねません。

では、どうすればいいのでしょうか。

答えは、電池と電池のあいだに薄いプラスチックの板をはさんでおく……です。プラスチックは絶縁体で電気を通しません。だから電池の消耗を抑えることができるのです。

とはいっても、電池は常に化学反応を起こしているものですから、永久に使えるわけでもありません。半年に一度くらいは、動作点検を兼ねて防災グッズの調子を確かめておくといいでしょう。

アルカリ電池とマンガン電池の違いは?

乾電池にアルカリ電池とマンガン電池があることは知られていますが、それぞれの電池には特徴があります。

アルカリ電池は、大きな電流を長時間流すことができます。また、残量の最後まで電圧が下がらないという特徴もあり、たとえばＣＤプレーヤーやデジタルビデオカメラなどに向いています。

一方のマンガン電池は、残量が少なくなるにつれ電圧が下がります。消費電力の少ないラジオや時計、使用時間の短い懐中電灯やリモコン、ガスや石油機器の自動点火などに向いています。

電卓と電話で、数字の配列が違うワケは？

電卓も電話も、その前面にはズラリと数字が並んでいます。でも、よくみると、数字の並び方が違います。電話が上から、1、2、3と並んでいるのに対して、電卓は下から、1、2、3と並んでいることに気がつきませんか。

その理由は、電卓では、0、1、2といった数字が多く使われるため、手前に並べており、一方の電話は、上から数字が並んでいたほうが見やすいことから、上から1、2、3となっているのです。

たしかに、公衆電話のように垂直や斜めになっているときは、上から1、2、3となっているほうが自然ですね。

鉛筆は消しゴムで消えるのに、色鉛筆はどうして消えない？

鉛筆で書いた文字は、消しゴムで簡単に消すことができます。これは、鉛筆の芯《しん》の材料が黒鉛と粘土を混ぜたもので、消しゴムが、黒鉛と粘土を紙からはがすようにして消しゴムのカスのなかに取り込んでしまうからです。

一方の色鉛筆の芯には、色のもとになる顔料という成分のほか、なめらかに書けるようにするための蠟《ろう》や、芯をかためるための接着剤などがふくまれています。その蠟や接着剤が紙につくとはがれにくくなり、色鉛筆で書いた文字が消しゴムでは消せないのです。

どうして色鉛筆の芯は、鉛筆の芯より太い？

鉛筆と色鉛筆の違いは、六角形か、丸いかだけではありません。よく見ると気がつくのですが、じつは色鉛筆の芯のほうが太くなっています。その理由は、色鉛筆の芯は弱いからです。

鉛筆の芯には黒鉛と粘土が使われ、1000℃から1200℃という高温で焼き固められます。

ところが、色鉛筆の場合は、顔料や蠟などが使われているので、高温で焼き固めることができません。そのため、芯を固めるためには接着剤が使われますし、焼き固めるのではなく、乾燥させて芯をつくっています。それで、鉛筆の芯ほど強くありません。このように、色鉛筆は芯の弱さを補うために芯を太くしているというわけです。

紙の大きさのA判とB判の違いは？

本や雑誌のサイズで、A4判とかB5判という言葉を聞いたことがあるでしょう。これは、A列、B列という紙の大きさが基準になっています。

A列は、国際標準となっているサイズで、A0は、841ミリ×1189ミリという大きさです。その半分がA1で、594ミリ×841ミリ、そしてA2は、そのまた半分の大きさとなっていて、以下、数字がひとつふえるごとに半分になっていきます。

B列の場合は、日本の規格です。B0が1030ミリ×1456ミリで、B1は728ミリ×1030ミリ、B2が515ミリ×728ミリとなっています。以下、A列同様、数字がひとつふえるごとに半分になっていきます。

ちなみに、この本は「文庫判」とも呼ばれますが、105ミリ×148ミリの大きさですから「A6判」ということになります。

どうして切手は、なめるだけで貼れるのか?

郵便切手を貼るときに、ちょっと濡《ぬ》らすだけで、ちゃんと貼れるのは、ポリビニールアルコールという「のり」の働きによるものです。

このポリビニールアルコールは、水分を与えると化学変化を起こし接着力を示します。湿気に強く、もし水などがなくても、なめるだけで貼れるスグレモノで、もちろん人体にも無害です。

ちなみにこののりは昭和30年代に日本の印刷局が研究開発したもので、現在では世界中の切手に使用されています。

しばらく着ていなかったシャツが黄色くなるのはなぜ?

きれいに洗って、しまっておいたのに、タンスにいれたシャツが黄ばんでいた……ということはありませんか。

もちろん、タンスに入れておいたのですから、日の光で焼けたわけではありませんし、カビが生えたのとも違います。

これは、衣類の繊維と、洗濯しても残っていた体から出た汗や皮脂が化学反応を起こしたためです。洗濯をしても、わずかながら衣類の繊維には汗や皮脂の成分が残ります。すぐに着れば目立ちませんが、時間がたつと化学変化が進み、黄ばんでしまうわけです。

なぜ座布団の四隅には糸がついている？

テーブルと椅子の暮らしが一般的になり、和室のない家も少なくないようです。和室といえば、こたつと座布団が象徴的ですが、座布団の四隅から糸が出ていることに気がついていますか。もちろん、その糸は飾りではなく、ちゃんと役目をもっています。

座布団の中身は綿ですが、長いあいだ使っていると綿がかたよってしまいます。でも、綿の中に糸を通して四隅で留めておけば、そのかたよりを防げます。糸には、そうした役割があったわけです。

座布団の四隅の糸は、切ったりほどいたりしないようにしてください。

カナヅチの片面は平らで、片面は丸みを帯びている理由は？

2つの面があるカナヅチがあります。よく見ると、ひとつは平面で、もうひとつは丸みを帯びた面になっているのに気がつきます。

「どっちで釘《くぎ》を打っても同じだろう」と考えるのは素人です。もちろん、使い分けをするために、そうなっているからです。

まず、最初に釘を打つときは平たい面で打ちます。正しく使えば、カナヅチのどこが釘に当たっても、まっすぐに入っていきます。

そして、もう少しで釘の頭が板におさまるというところまできたら、丸みを帯びたほうを使うのです。なぜかといえば、丸みを帯びたほうで打てば、板を叩《たた》くことなく釘だけ打てますから、表面によけいな傷やへこみをつくらないのです。ちょっとした工夫で、仕上がりが違ってくるというわけですね。

聴診器は、誰が、いつ発明した？

内科のお医者さんにかかると、必ず使われるのが聴診器です。その聴診器を発明したのは、フランス人の医師ルネ・ラエンネックです。子どもが木の棒の端に耳をあてて遊んでいるのを見て、聴診器のメカニズムを思いついて発明したといわれています。

このときの聴診器は、まっすぐ伸びた1本のラッパのような形をしているものでした。

聴診器が発明されるまでは、直接、胸に耳を当てて心臓の音を聴いたり、触診とか打診で診察をしていました。その後、聴診器は改良されていきました。たとえば、ドイツ人の医師トラウベは、音がよく聞こえるように、患者にあてる部分を大きくした聴診器を開発したり、胴体の部分をゴム管にしたりしています。

アメリカの医師ジョージ・カマンは、両耳で聴ける聴診器を発明して、精度を高めました。

さらに、アンプを使うことで音を10倍程度に増幅できるデジタル聴診器なども開発されているのです。

マジックテープは植物がヒントで発明された?

子どものくつや、書類入れなどに利用されているマジックテープは、軽くて丈夫、しかも何度も使えるというスグレモノです。サッとくっついて、しっかり留まり、メリメリッとやれば、簡単にはがれます。

一般にマジックテープと呼ばれますが、じつは「面ファスナー」というのが正式の名前です。

さて、その面ファスナーは、スイス生まれのジョルジュ・デ・メストラルという人が発明したのですが、きっかけは、オモナミという植物でした。

あるとき、森の中を散策していたメストラル氏のズボンに、たくさんのオモナミがついていました。研究熱心なメストラル氏は、オモナミの構造を顕微鏡で観察して、トゲの一本一本が鉤《かぎ》のようになっていることを発見します。

「これはおもしろい！」とひらめいたメストラル氏は、その構造を人工的に再現し、面ファスナーをつくったというわけです。

面ファスナーは無重力状態でも利用できるので、国際宇宙ステーションでも、物を固定するために利用されています。

ポスト・イットは失敗作から生まれた？

ちょっと気になるところにペタッと貼るのがポスト・イット。付箋《ふせん》と呼ばれることもありますが、スペンサー・シルバーの失敗から生まれたといわれています。

１９６９年、シルバーは、紙の分子とほぼ同じ大きさの分子の糊《のり》を開発しました。分子の大きさが同じなのに、「くっついているようで、じつは、くっついていない」という状態をつくりだしたのです。でも、接着剤としては役に立たない失敗作でした。

それから数年後、「くっついているようで、じつは、くっついていない」ということは「くっつくけど、かんたんにはがせる」ということでもあることに気がついた人がいます。アート・フライという人物です。

フライは、最初、「本から落ちないしおり」として開発を手がけましたが、なかなかうまくいきません。しかし、その後、ポスト・イットの商品化にのりだし、やがて世界中で使われるようになりました。

失敗だと思っていたものでも、発想を転換すれば成功できるという話です。

QA ミシンはどうしてミシンといわれるのか？

ミシンは英語で、ソーイングマシンといいます。なぜ日本語でミシンというようになったかといえば、ミシンが日本に入ってきたとき、外国人が「ソーイングマシン」と発音したのに、「ミシン」としか聞き取れなかったからです。

こうした例は、ほかにもあります。たとえば、アイロンは、鉄を表わす「アイアン」ですし、野球の判定で使われる「ストライク」は、労働者の「ストライキ」と同じ意味を持っていて「相手に打撃を与えること」を表わしています。

いまでこそ、外国語は小学生でも勉強するようになりましたが、明治初期で、開国したばかりの日本人は、慣れない言葉に、かなり苦労したことでしょう。

教会でガリレオが発見したのは何？

ガリレオ・ガリレイという学者を知っていますか。彼は地動説を唱えたり、落下の法則という、物体の重さと落ちる速度は関係がないことを実験で証明しました。物理学者であり、天文学者であり、哲学者です。

じつはガリレオは、振り子の等時性の発見者としても知られています。振り子の等時性というのは、簡単にいえば、「糸の長さが同じなら、大きく揺らしても小さく揺らしても、往復にかかる時間は同じ」というものです。

じつは、この発見のきっかけになったのは、ピサ大学の医学生だったときのことでした。

ピサの斜塔の隣にある教会で、天井から吊《つ》るされたシャンデリアが揺れる様子を見ていたガリレオが、その振れ幅を見て気がついたといわれています。

アメリカ大陸はインドだと思われていた？

1492年、イタリア生まれのコロンブスによってアメリカ大陸が発見されました。ところがコロンブスは、インドに到着したと思っていたとか。

コロンブスは、スペインのイサベル女王の支援を受けて、スペインのパロス港を出発し、西へ西へと船を進めていきました。

およそ二カ月後、ついに島を発見したのです。その島は、現在のバハマ諸島のサン・サルバドル島だったと伝えられていますが、コロンブスは、カリブ海やキューバなどの島々を「これがインドだ」と信じ切っていたようです。

その証拠が、コロンブスが名づけたといわれる「西インド諸島」で、インドの西ではなく、南北のアメリカ大陸にはさまれた海域にあります。

バーコードは大学院生の発明だった？

現在、流通している商品のほとんどについているもの……といえばバーコードではないでしょうか。バーコードは3種類の太さの線で、国とメーカーと商品番号があらわされていて、すべての商品に違う番号がつけられる約束になっています。

このバーコードを発明したのは、バーナード・シルバーとノーマン・ウッドランドというアメリカの大学院生でした。

もともと食料品の仕分けをする装置を研究していた2人でしたが、あるとき、ウッドランドが砂浜で、モールス符号を応用できないかと思いつきます。そのイメージを砂に落書きをしているうちに、線の幅に情報を持たせる着想を得て、バーコードを思いついたとされています。

1952年に特許が認められましたが普及せず、60年代に特許権を売却。その後、70年代になって実用化が進み、1974年には初めてバーコードのつけられた商品が登場しました。ちなみに、そのときの商品は、チューインガムだったそうです。

カッターは板チョコから発明された？

刃先をポキッと折れば、新しい刃があらわれて、また切れ味が復活するのがカッターです。さて、カッターを発明したのは日本人だったことを知っていますか。

いまや、多くのメーカーで、同じスタイルのカッターを生産していますが、世界初は岡田《おかだ》商会（現在の「オルファ株式会社」）です。

開発者の岡田良男《よしお》氏は、当時、印刷会社に勤めていましたが、ナイフやカミソリの刃が、使っているうちに切れ味が悪くなってしまうので、何とかできないかと考えていました。

そんなときに思い出したのが、板チョコです。板チョコは、切れ目が入っているので、きれいに割れます。これが大きなヒントになり、刃を折るカッターに発展したというわけです。

名称について、「オルハ」ではなく「オルファ」にしたのは、外国人が発音しやすいようにと考えたからで、現在では世界１００か国以上で愛用されています。

QA

アラビア数字はインド生まれ？

数字には、漢数字やローマ数字など、さまざまな表記法がありますが、一般的に使われている「1、2、3」の数字をアラビア数字といいます。でも、この数字を発明したのはアラビア人ではありません。じつはインド人が考え出したものです。

インドでは、紀元前3世紀以前に、インド最古の数字といわれているブラーフミー数字という数字が使われていました。これがアラビア数字のルーツです。ブラーフミー数字は、その後、インド数字という数字に発展しました。

では、なぜインド数字なのに「アラビア数字」と呼ばれるようになったのか。インド数字が、アラビアを経てヨーロッパに伝わり、ヨーロッパの人が「アラビア数字」と呼んだためです。

当時、インドとヨーロッパとのあいだの物資の流通や人の交流はアラビア人によっておこなわれていました。つまり、物や人とともに、数字という文化もアラビア人の手によって運ばれたというわけです。

振り仮名が、どうして「ルビ」なのか？

パソコンの文字サイズの単位は「ポイント」です。操作によって、画面上や印刷するときに、簡単に大きくしたり、小さくしたりすることができます。

その昔、印刷に活字が使われていた時代は、活字の大きさを日本では「号」という単位で表わしていました。「初号活字」「1号活字」「2号活字」といったもので、数字が大きくなるほど活字が小さくなっていきます。

印刷物では振り仮名のことを「ルビ」と呼びますが、このルビという名称は、イギリスやアメリカで使われていた活字の大きさに由来します。

活字の大きさをイギリスやアメリカでは宝石の名称を使って呼んでいました。たとえば、4・5ポイントの活字なら「ダイヤモンド」、5・0ポイントの活字だったら「パール」、5・5ポイントの活字が「ルビー」、6・5ポイントの活字は「エメラルド」と呼んでいたのです。

この「ルビー」が、まさに振り仮名に使われる活字の大きさで、それがルビという言葉のルーツというわけです。

X線はどうやって発見された？

レントゲン写真に利用されるX線を発見したのは、ドイツの物理学者ヴィルヘルム・レントゲンです。

レントゲンは物理学者ですから、医療機器の開発をおこなっていたわけではありません。じつはレントゲンは、放電管の実験をしているときに、目に見えない光線が出ていることに気がついたのでした。

そのため、正体不明の光線ということで「X線」と名づけたわけですが、実験によって、そのX線が「厚い本やガラスを透過する」「薄い金属箔《はく》を透過する」「鉛には遮《しゃ》蔽《へい》される」といった性質を持っていることがわかったのです。これが現在のレントゲン写真のルーツになったわけです。

レントゲンは、この功績によって、１９０１年の第１回ノーベル物理学賞を受賞しています。

キャンプでテントを張るベストポジションは？

キャンプ場やバーベキューのできる場所に一番乗りして、どこでも好きなところに設営できるとしたら、どこを選びますか。

水道や炊事場の近くでしょうか、小さな子ども連れだったらトイレの近くでしょうか、あるいは、買い物に便利そうだから売店の近くでしょうか。

じつは、どれもＮＧです。その理由は、人通りが多いから。

一番乗りしたとき、まわりはガラガラかもしれませんが、時間がたつと人が多くなってきます。水を汲《く》みに行ったり、トイレに行ったりする人が増えてきます。そうなると、せっかく設営したスペースのまわりを大勢の人が行ったり来たりするので落ち着けません。

キャンプやバーベキューに慣れた人は、池のそばや林の近くに設営します。もちろん、キャンプ場が混んでくれば、近くにテントを設営する人もあらわれますが、池や林のほうから誰かがあらわれることはあり得ません。
つまり、不便な場所ほど落ち着けるというわけです。

昆虫採集で役立つ網の使い方は？

夏休みの子どもたちは昆虫採集が大好き。ただし、追いかけられる虫も逃げるのに必死ですから、なかなか捕まえられないかもしれません。

じつは捕虫網の使い方には、ちょっとしたテクニックがあります。飛んでいるチョウを捕まえようとしたら、チョウの後ろから追いかけるようにしてすくうと成功率が高くなります。チョウを捕虫網のなかに入れたら、すばやく捕虫網をひとひねりして、逃げ道をふさぎます。

花や草などにとまっている虫を捕まえるときは、捕虫網を水平にして、網の部分をつまんで、虫の上のほうにもっていきます。そして、虫の真上まできたら、捕虫網ごと落とせば、虫は網の中というわけです。

虫が木の幹にとまっている場合は、虫の下、つまり虫の後ろ側に、木の幹と垂直になるように網の端をくっつけて、一気に90度動かします。それぞれ、一度試してみてください。

なぜ新聞紙はアウトドアの必需品なのか

アウトドアやオートキャンプのときに意外に役立つアイテムが新聞紙です。出かけた先で寒いとき、よくもんでクシャクシャにした新聞紙を下着と服とのあいだにはさむと、けっこうあたたかくなります。

これは、紙の繊維に保温の働きがあるためです。足のつまさきが冷たいときも、靴の先にクシャクシャにした新聞紙をつめると、同じ効果が期待できます。

一方、新聞紙をクーラーボックスの代用品として使うこともできます。釣った魚をぬらした新聞紙にくるんで、ときどき冷たい水をかけてあげると、けっこう長いあいだ生きています。

ボクシングのリングは、なぜ四角いのに「リング＝輪」なのか？

ボクシングの試合は、「リング」のなかでしますが、なぜ四角いところなのに、リング（輪）と呼ぶのでしょうか。

じつは、ボクシングの興業が始まったころは、何人かの観客がロープを持って輪をつくり、そのなかで試合がおこなわれていました。そのためにリングと呼ばれたのです。

その後、四隅に杭《くい》を打ってロープを張るようになり、その対角線の端と端に、赤コーナーと青コーナーという対戦する選手のコーナーができました。

つまり、最初のボクシングは、ほんとうに「リング」のなかでおこなわれていたというわけです。

ボクシングの「サンドバッグ」の中に砂は入っていない？

ボクシングジムといえば、サンドバッグがトレードマークといえるでしょう。じつは「サンドバッグ」とはいうものの、その中に砂は入っていません。

サンドバッグには、スポンジやフェルト、メリヤス、ナイロンといった布が、こまかくきざまれて入っています。もし、その名のとおりに砂を使ってしまうと、サンドバッグで練習する選手たちが手を傷めてしまうそうです。また、袋そのものが砂の重さに耐えられなくて、長持ちしなくなります。

外国で使われているサンドバッグでは、おが屑《くず》や植物の繊維などが詰められているものもあるそうです。

ところで、「サンドバッグ」というのは和製英語で、正しくは「トレーニングバッグ」あるいは「パンチングバッグ」などと呼びます。

ちなみに、なぜ「サンドバッグ」と呼ばれたかというと、ボクシングというスポーツが日本に紹介された当時、サンドバッグの中に何が入っているのかわからず、その感触から「てっきり砂だと思ったため」と伝えられています。

QA 市民マラソンのゴールでもらったタオルの行方は？

東京マラソン、青梅《おうめ》マラソンなど、市民の参加できるマラソンがあります。ゴールの瞬間、係の人がランナーにタオルをかけるシーンがありますが、あのタオルは、どこに行くのでしょうか。

じつは、たいていの場合は記念品として持って帰れるそうです。タオルには、大会の名やスポンサー企業の名が記されていて、いわば「完走のごほうび」ということでしょう。

たしかに、3万人もの多数のランナーが走る東京マラソンなどでは、いちいちタオルを回収していては、たいへんな作業になってしまいますね。

野球のラッキーセブンの「風船飛ばし」のルーツは？

プロ野球の試合で、7回ウラのお楽しみといえば風船飛ばしでしょう。ラッキーセブンと呼ばれるイニングを前に、観客がいっせいにジェット風船を飛ばすところは、まさに圧巻ですね。

その風船飛ばしは、甲子園の熱狂的な阪神《はんしん》ファンから始まった……といわれていますが、じつは甲子園に応援に来ていた広島ファンが始めたのがルーツとされるようです。

さて、なぜ7回が「ラッキーセブン」と呼ばれるのでしょうか。

たとえば、1回から6回まで、相手投手にピシャリと抑えられたチームでも、7回の先頭バッターは、相手投手と3度目の対戦になります。なんといってもプロ野球の選手ですから、3度目の対戦ともなれば、「ここ一番」とはりきる場面です。しかも、相手の投手も、そろそろ疲れが出るころというわけで、7回はラッキーセブンと呼ばれるというわけです。

NHKのど自慢の合格の鐘の音階は?

日曜日のお昼の長寿番組といえば、「NHKのど自慢」でしょう。全国各地からの放送なので、司会のアナウンサーは毎週毎週、違う会場に行くことになってたいへんだと思います。でも、その地ならではの特色が紹介され、また、ユニークな人も登場し、楽しい番組です。

ところで、合格すると鳴る鐘の音階を知っていますか。

答えは、ハ長調の音階でいうと「ドシラソ、ドシラソ、ドミレ」です。ちなみに、もう一息のときの鐘2つは「ド、レ」、不合格は「ド」です。

一般的に「鐘」と呼んでいますが、あの楽器には「チューブラ・ベル」という、れっきとした名前があります。クラシック音楽を演奏するオーケストラでも使われている楽器で、たとえば、ベルリオーズの「幻想交響曲」のなかで、重要な役割を果たしています。

QA

ピエロのメイクには、なぜ涙が欠かせないのか?

サーカスのピエロは、ユーモラスなパントマイムで観客を楽しませてくれます。そのメイクには、ひとつ不思議な点があります。ピエロのメイクでは、必ずといっていいほど涙が描かれている……。なぜでしょうか。

これは、フランスで「ピエロ」の名優として伝説的な存在になっている、ジャン・ドゥビュローに由来します。

ドゥビュローは、最後の舞台で、ひとすじの涙を流したのです。その後、ピエロを演ずる役者たちが彼に敬意を表して、メイクに涙を入れるようになったというわけです。

章扉イラスト　上田三根子

考《かんが》える力《ちから》を育《そだ》てる親子《おやこ》の雑学《ざつがく》

本郷陽二《ほんごうようじ》

角川文庫 17858

平成二十五年三月二十五日　初版発行

発行者―井上伸一郎
発行所―株式会社角川書店
東京都千代田区富士見二―十三―三
電話・編集（〇三）三二三八―八五五五
〒一〇二―八〇七八
発売元―株式会社角川グループパブリッシング
東京都千代田区富士見二―十三―三
電話・営業（〇三）三二三八―八五二一
〒一〇二―八一七七
http://www.kadokawa.co.jp
印刷所―暁印刷　製本所―ＢＢＣ
装幀者―杉浦康平

定価はカバーに明記してあります。

ほ 18-3　ISBN978-4-04-100748-8　C0195

角川文庫発刊に際して

角川源義

第二次世界大戦の敗北は、軍事力の敗北であった以上に、私たちの若い文化力の敗退であった。私たちの文化が戦争に対して如何に無力であり、単なるあだ花に過ぎなかったかを、私たちは身を以て体験し痛感した。西洋近代文化の摂取にとって、明治以後八十年の歳月は決して短かすぎたとは言えない。にもかかわらず、近代文化の伝統を確立し、自由な批判と柔軟な良識に富む文化層として自らを形成することに私たちは失敗して来た。そしてこれは、各層への文化の普及滲透を任務とする出版人の責任でもあった。

一九四五年以来、私たちは再び振出しに戻り、第一歩から踏み出すことを余儀なくされた。これは大きな不幸ではあるが、反面、これまでの混沌・未熟・歪曲の中にあった我が国の文化に秩序と確たる基礎を齎らすためには絶好の機会でもある。角川書店は、このような祖国の文化的危機にあたり、微力をも顧みず再建の礎石たるべき抱負と決意とをもって出発したが、ここに創立以来の念願を果すべく角川文庫を発刊する。これまで刊行されたあらゆる全集叢書文庫類の長所と短所とを検討し、古今東西の不朽の典籍を、良心的編集のもとに、廉価に、そして書架にふさわしい美本として、多くのひとびとに提供しようとする。しかし私たちは徒らに百科全書的な知識のジレッタントを作ることを目的とせず、あくまで祖国の文化に秩序と再建への道を示し、この文庫を角川書店の栄ある事業として、今後永久に継続発展せしめ、学芸と教養との殿堂として大成せんことを期したい。多くの読書子の愛情ある忠言と支持とによって、この希望と抱負とを完遂せしめられんことを願う。

一九四九年五月三日

角川文庫ベストセラー

子どもがよろこぶオモシロ雑学

本郷陽二

「ネコはどうして猫背なの?」「北極と南極はどっちの方が寒い?」「なぜクルマのタイヤは黒色しかないの?」……。子どもが聞いたら「へぇ〜」と驚く、教科書には載っていない(?)オモシロ雑学満載。

頭のいい子に育つなるほど雑学

本郷陽二

「ホタルイカはどうして光る?」「蚊はどうして人の居場所がわかるのだろう?」「植物はどうしてフンをしないのか?」「ネコにドッグフードを与えちゃダメ?」……。子どもの好奇心を刺激する雑学が満載!

人間はどこから来たのか、どこへ行くのか

高間大介(NHK取材班)

現在、科学の最先端の現場で急激な展開をみせるテーマ「人間とは何か」。DNA解析、サル学、心理学、言語学……それぞれのジャンルで相次ぐ新発見の数々。目から鱗、思わず膝を打つ新たな「人間学」。

女と男
~最新科学が解き明かす「性」の謎~

NHKスペシャル取材班

人間の基本中の基本である、「女と男」——。それは未知なる不思議に満ちた世界だった。女と男はどのように違い、なぜ惹かれあうのか? 女と男の不思議を紐解くサイエンスノンフィクション。

いつのまにか大恥をかいている間違いことば500

編/日本語を考える会

ふだん何気なく使っている日本語でも、自分ではなかなか間違いに気付かないもの。他人に指摘されてあわてる前に、あなたの日本語を再確認。怒濤の五〇〇問と漢字パズル&クイズで、目指せ日本語マスター!

角川文庫ベストセラー

京大生・東田くんのパズル
東田大志
漢字つなぎパズル、熟語迷宮、トランプブロック、数婚など、現役京大生がつくった一八種類九六問の創作パズル。難易度は三段階、どこから挑戦しても楽しめて、眠っていた脳細胞が刺激されること間違いなし！

Kadokawa Art Selection
フェルメール―謎めいた生涯と全作品
小林頼子
生涯で三十数作の作品を遺した、謎の画家・フェルメール。その全作品をカラーで紹介！　研究によって明かされた秘密や作品の魅力を第一人者が解説する、初心者もファンも垂涎の手軽な入門書！

Kadokawa Art Selection
ピカソ―巨匠の作品と生涯
岡村多佳夫
変幻自在に作風を変え次々と大作を描いた巨匠ピカソ。その生涯をたどり作品をオールカラーで紹介するハンディサイズのガイドブック。なぜこれが名画なの？　初心者の素朴な疑問にもこたえる決定版。

Kadokawa Art Selection
ルノワール―光と色彩の画家
賀川恭子
幸福の画家と呼ばれる巨匠の人生に深く迫り、隠された若き日の葛藤から作風の変化に伴う危機の時代まで詳しく解説。絵画史に残された大きな足跡をたどるエキサイティングなオールカラーガイドブック！

Kadokawa Art Selection
若冲―広がり続ける宇宙
狩野博幸
空前絶後の細密テクニック、神気に迫る超絶技巧、謎の多い人生。その若冲の魅力に迫り、再発見に沸いた「象と鯨図屛風」の詳細と、これまでの人物研究をくつがえす新資料による新解釈を披露。オールカラー。

角川文庫ベストセラー